Reise auf die Kapverden

Reise auf die Kapverden

Geschichten fürs Handgepäck

Herausgegeben von Hans-Ulrich Stauffer

Übersetzungen von Helga Ahrens, Isabel Frango,
Renate Hess, Janheinz Jahn, Kerstin Kock,
Monica Luche, Barbara Mesquita, Maralde
Meyer-Minnemann, Isabel Orgaz, Elke Polzin,
Heinrich Schmidt, Isabel Moreira da Silva
und Kathrein Tallowitz-Roja

Unionsverlag
Zürich

Im Internet
Aktuelle Informationen,
Dokumente, Materialien
www.unionsverlag.com

Unionsverlag Taschenbuch 509
© by Unionsverlag 2010
Rieterstrasse 18, CH-8027 Zürich
Telefon 0041-44-283 20 00, Fax 0041-44-283 20 01
mail@unionsverlag.ch
Alle Rechte vorbehalten
Verwendung der Karte auf der Umschlaginnenseite mit
freundlicher Genehmigung der map.solutions GmbH, Karlsruhe
(www. mapsolutions.de)
Reihengestaltung: Heinz Unternährer, Zürich
Umschlaggestaltung: Peter Löffelholz, Zürich
Umschlagfoto: Dareon (dreamstime.com)
Druck und Bindung: CPI – Clausen & Bosse, Leck
ISBN 978-3-293-20509-3

Inhalt

Der Aufruhr

Baltasar Lopes

In São João brach ein großer Aufstand los. Von Ribeira da Caixa dringt lautes Stimmengewirr herüber. Deutlich sind die schrillen Schreie der Frauen herauszuhören. Plötzlich hebt ein lauter Klagegesang an. Leute laufen aus den Gassen herbei, um zu erfahren, wer gestorben ist. Der Trauerzug kommt den Hang herab. In dem Weinen liegt Verzweiflung. Die Leute von unten stimmen auch einen Klagegesang an.

»Was ist los? Wer ist gestorben?«

Aus einer Gasse biegt weinend eine Frau ein. Sie schwenkt ein Tuch. In dem Leichenzug, der den Hang herabsteigt, weint jemand ununterbrochen: »Ach, mein Brüderchen!«

Die Frau geht zwischen den Trauernden hindurch und bricht in den Schrei aus: »O Gott! Sein Hunger … Die Not zwingt eben zu …«

Ein gut gekleideter Herr ist stehen geblieben und erkundigt sich.

»Lela wollte im Krämerladen Mehl mitgehen lassen, ein Polizist hat ihn erwischt, und jetzt schlägt er ihn …«

Pfiffe sind zu hören. Die Menge erreicht den Platz. In der Mitte, gestützt von zwei Männern, ein Junge mit blutverschmiertem Gesicht. Das zerrissene Hemd lässt die Brust sehen, über die blutige Rinnsale laufen.

Die Menge hat haltgemacht. Eine Frau hat Steine aus der niedrigen Ummauerung des Platzes gerissen und gibt sie ihrem Mann.

»Da, nimm! Wenn du ein Mann bist, dann beweise es jetzt!« Der Mann wirft die Steine auf den Boden. Die Frau beharrt: »Wie gesagt, wenn man sowieso verhungern muss, dann schon lieber erschossen werden …«

Man hat den verletzten Jungen zur Apotheke gebracht. Die Menschenansammlung aber bleibt. Vom Hügel und aus dem unten gelegenen Viertel strömen noch mehr Leute herbei. Drohungen liegen in den wirr blickenden Augen der Frauen.

»In diesem Land muss mal einiges gründlich zurechtgerückt werden …«

»Als ich sah, wie der Polizist Lela verprügelte, hätte ich am liebsten gleich einen Stein genommen und …«

Eine Frau scheint verrückt geworden zu sein. Sie ist auf eine Bank gestiegen und wirft Steine um sich. Dann hat sie ihren Kittel ausgezogen und schlägt sich an die Brust. Sie fordert die Männer heraus: »Na, Jack, zeig her, was du zwischen den Beinen hast! Fedro Canja, wo ist denn deine Großmäuligkeit geblieben?«

Ein Polizist will die Frau festnehmen. Er packt sie am Handgelenk, aber sie schüttelt ihn ab und leistet Widerstand. Plötzlich krümmt sich der Polizist zusammen und geht in die Knie. Die Frau hat ihm an passender Stelle einen Tritt versetzt. Nun ist das Volk stärker. Sie stoßen den Polizisten, der gekrümmt zurückweicht und pfeift. Ein Mann kommt und sagt, dass es dem verletzten Jungen schlecht geht und dass er Blut spuckt. Von Neuem hebt der Klagegesang an. Viele stürzen herbei, um zur Passagem hinabzusteigen. Andere aber zögern.

Da kommt Chico Zepa herbeigehinkt. Er hatte erfahren, was geschehen war, und kam nun, um Streit zu suchen. Als sie ihn kommen sahen, schrien alle durcheinander: »Chico Zepa, der ist wirklich ein richtiger Mann … Chico, zeig diesen Rindviechern, dass du kein Schlappschwanz bist …«

Die Männer fassten neuen Mut. Ein Greis stieg auf eine Bank und schrie: »Auf, Leute, runter! Ziehen wir durch die Straßen und schreien Hunger! Los, uns kann nichts geschehen! Das Volk ist ein Vogel, so klein, dass jeder Schuss danebengeht … Wer weiß denn schon, wo das Volk Kopf, Herz oder Bauch hat?«

Chico Zepa ging an die Spitze und übernahm die Führung des Aufstandes. Sie stiegen durch São João hinab. Voraus liefen zwei Straßenjungen mit zwei schwarzen Fahnen. Es waren Frauenblusen, mit Bindfaden an Schilfrohren befestigt. Die Jungen schrien »Hunger!«. Und von hinten antwortete die Menge: »Hunger! Erbarmen!«

Als sie in Cutelo angelangten, erschien der Kreisverwalter mit einem Gewehr in der Faust.

»Was wollt ihr eigentlich?«

Chico Zepa trat vor.

»Das Volk hat Hunger, Herr Administrator!«

Die Jungen sagten zu Chico, sie hätten Stöcke, wenn Stöcke gebraucht würden; und wenn Arme gebraucht würden, hätten sie die Arme, die Gott ihnen gegeben hatte.

Als die Frauen den Verwalter mit der Waffe erblickten, wollten sie sich auf ihn stürzen. Viele von ihnen trugen die Schürzen voller Steine, die sie vom Ufer mitgebracht hatten. Ein junges Mädchen trat vor, und genau vor der Nase des Verwalters sagte sie zu Chico: »Chico, zeig, dass du ein Mann bist – und ich gebe dir meine Ehre …«

Chico Zepa stieg auf die Ummauerung von Cutelo und rief dem Volk zu: »Leute, wir wollen unser Leben selbst in die Hand nehmen. Diese Hundesöhne wollen ja doch nicht hören, wie wir Hunger schreien!«

Die Menge stürzte vor. Die Türen des gegenüberliegenden

Ladens wurden eingeschlagen. Mitten auf dem Fußboden schütteten sie einen großen Sack Mais aus. Die Frauen sammelten den Mais in die hochgehaltenen Schürzen und mischten ihn mit den Steinen.

Die Männer aber hielten sich im Hintergrund. Ein Alter streckte die Arme vor, die Handflächen fest gegeneinandergepresst.

»Ihr seid Zeugen, dass ich kein einziges Maiskorn zwischen den Fingern habe!«

Ein anderer schlug sich auf den Mund und machte Kreuzeszeichen, die von der Sünde des Hochmuts frei machen sollten. »Ehre ist mehr wert als ein voller Bauch!«

Ein junger Mann schrie zurück: »Ein gelebtes Leben ist mehr wert als Ehre!«

Eine Frau protestierte: »Ich habe Kinder zu Hause, die vor Hunger weinen. Wenn man sowieso verhungern muss, dann schon lieber erschossen werden – und mein Gesicht bleibt ehrenwert.«

Allmählich zogen sich alle zurück. Nur Chico Zepa klagte noch: »Ein Armer ist wie eine Heuschrecke. Mit grünen Flügeln kommt er auf die Welt, aber dann wird er grau, bekommt eine Farbe, die keine ist … Armut ist ein Spucknapf für alle …«

Und er ging nach Caleijão, um seiner Mutter zu erzählen, dass das Volk Wadenkrämpfe bekommen hatte.

In seinen Augen und in der Mattheit seines schlaflosen Körpers lag die Traurigkeit des Generals, der eine Schlacht verloren hat.

Landflucht

Pedro Duarte

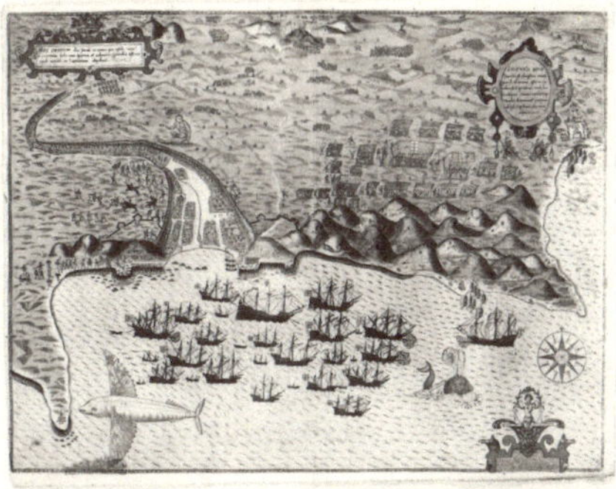

Die vertrocknete Erde der Talsohle erhob sich in einer Wolke von Staub, die der Wind gegen den lügnerischen Himmel schleuderte. Seit sieben Jahren, sieben Tagen, sieben Weltaltern war kein Regen mehr gefallen. Die Menschen waren außer sich, und die Pflanzen stachen wie verrückt mit ihren vertrockneten Wurzeln ins Innere der Erde.

Im steinigen Himmel blieben nur zerfetzte Wolken. Und jetzt wirft sich das Meer mit unbändiger Wut auf die Felsen der Küste. Einer der Dorfbewohner zog den Kopf aus dem Fenster zurück, von wo aus er den ganzen Nachmittag auf den erhofften Regen gelauert hatte. Er hinkte zunächst zu einer Kiste, stützte sich auf eine Truhe und setzte sich schließlich auf den einzigen Stuhl ohne Lehne in einer Ecke des traurigen Raumes.

Im Zimmer nebenan drang die Nachmittagssonne durch das Holzdach und zeichnete viereckige Muster auf den Boden.

Die Verbindungstür war herausgenommen und durch eine Raffiamatte ersetzt. Ein Teil der Gartenmauer war eingestürzt und bildete so einen zweiten Eingang. Die beiden Anbauten, die in vergangenen Zeiten zur Aufbewahrung landwirtschaftlicher Produkte dienten, hatten kein Dach und keine Türen mehr. In den zerstörten Zimmern des kleinen Hauses wuchs auf den Mauern wildes Unkraut und verdorrte da in der Sonne.

Die Dachziegel waren verkauft worden. Die Verbindungstür zwischen den beiden Räumen hatte inzwischen als Sargboden für Frau Bajim gedient. Sie war vor einigen Monaten gestorben, und Herr João Segurinho pflegte immer zu wiederholen: »Man hat ihr in die Sterbeurkunde geschrieben, die Todesursache sei Durchfall gewesen.«

Seit Herr Segurinho Frau Bajim verloren hatte, war für ihn die ganze Welt ins Wanken geraten. Quälende Erwartungen und Beunruhigungen umschifften das stürmische Kap seiner Tage, gemeinsam mit einer Geisteshaltung, die ihn mit den Wirklichkeiten des Alltags versöhnen wollte. Für Herrn João gab es nur zwei Wahrheiten: das Wort Gottes im Mund des Herrn Pater – es war der einzige geistige Reichtum, der einen Wert besaß – und die gesegnete Erde, die Mutter Erde. Er hatte nie an die Zahl der Jahrhunderte gedacht, seit denen ein Pater bereits die Füße der Wunderheiligen wusch, damit auch auf die Erde der Sündigen der so gewünschte Regen falle, und hatte nie daran gedacht, dass auch ein sozialer Grund für die Probleme des Lebens ein Gleichnis hergeben könnte. Gott hat den Frieden auf den Thron gehoben und wirft ihn nur weg, wenn seine schlechten Söhne eine Strafe verdient haben.

An jenem Tage fand Herr João Segurinho, dem das Orakel immer wieder Unheil verkündet hatte, obwohl ihm ein Bein fehlte und auch das andere von Elefantiasis befallen war, dass, wenn sich das Wetter nicht ändere und weiter so übel bliebe, ein weiteres Jahr der Krise bevorstand. Und das Land würde entvölkert, obwohl die Sachverständigen behaupteten, in letzter Zeit hätten die Frauen mehr Kinder geboren und die Esel mehr Junge geworfen.

Als Herr João noch zwei heile Beine hatte und die gute, lebendige Zudecke der Frau Bajim, sang er, begleitet von seiner wohlgestimmten Viola, heilige Hymnen in der Kirche vom heiligsten Namen Jesu in Cidade Velha. Er war damals bei dem Herrn Pater Luciano Küster gewesen und von echt römisch-katholisch-apostolischem Schrot und Korn. Als sich jedoch die Zeiten geändert hatten und er in sein Haus nach Gouveia gezogen war, hörte er gelegentlich von dem großen Haus des Herrn Pater erzählen und erinnerte sich sehnsüchtig an das friedliche religiöse Leben jener Tage. An die gesungenen Messen, den sentimentalen Klang der Orgel, an die Prozessionen, die roten Umhänge, die im Winde tanzten.

Da in der Ecke des Fenstersimses befand sich noch der Hausaltar neben dem Bett in einer kleinen Nische, die Frau Bajim hergerichtet hatte. Und an der Wand über der Kopfseite des Bettes hingen noch verschiedene verblichene Heiligenbilder, die Frau Bajim alljährlich während der Karwoche mit einem schwarzen Tuch bedeckte.

Herr João Segurinho saß noch immer an der gleichen Stelle, brütete vor sich hin, blätterte im Mondkalender und dachte über das Unheil nach, das auf der Erde lastete, seit der Regen seine Verbindung mit der Insel abgebrochen hatte.

Der Himmel versprach nur den Regen und verschönerte mit seinen kleinen Wolken unnützerweise den Sonnenuntergang.

Als Manozinho am Abend mit einem Sack auf dem Rücken heimkehrte, war João mit dem Mondkalender in den Händen eingeschlafen.

Manozinho stellte seinen Spaten in die Ecke und begrüßte seinen Vater. Er setzte sich nachdenklich auf die Kiste und überlegte, wie er João die Nachricht über das Grundstück Lugarinho beibringen sollte. Das Maisfeld, das vor vierzehn Tagen begonnen hatte, Kolben anzusetzen, war nahezu kahl.

Und an den Seiten des Hanges, der an den Landzwickel grenzte, den Herr Severino verpachtet hatte, fingen die Heuschrecken an, die Pflanzen abzunagen.

Er schwieg und hoffte, dass João das Gespräch beginne, nachdem er ihm den Segen erteilt hatte, denn er wusste ganz genau, was er zu sagen hatte, würde dem Alten Kummer bereiten. Manozinho brachte seinem Vater ungern schlechte Nachrichten, seit Frau Bajim gestorben war und Tôte, der mit Herrn João in Cidade Velha die Schulbank gedrückt hatte, nach Praia geflüchtet war, von wo ein paar Monate später das inzwischen bestätigte Gerücht nach Gouveia gelangte, dass man ihn in irgendeiner Straße der Stadt tot aufgefunden hatte. Herr João hatte davon eine Herzschwäche bekommen, wie er immer wieder betonte.

Außerdem hatte sein Gevatter Severino, sein jahrelanger Gefährte, den Herr João an vielen Nachmittagen und besonders in den Stunden des Zweifels zu besuchen pflegte – ein aufrechter Mann der Wahrheit und ganz der Erde verhaftet –, all seinen Mut verloren und hatte das wenige, das er besaß, verkauft und war nach Praia gegangen, obwohl er immer wieder beteuert hatte, er gehe nie – und dann ging er doch. An dem Tag, an dem er kam, um sich von seinem Gevatter zu verabschieden, sagte er, die Augen auf den Boden geheftet, er müsse »nur einen Sprung nach Praia« machen, denn seine Brustschmerzen, über die er schon seit einiger Zeit klagte, könnten sich sonst verschlimmern. João Segurinho verstand ihn ganz genau. Der Gevatter Severino wollte sich also bei der Fürsorge niederlassen, weil man da ein gekochtes Essen bekommt. Herr João war sogar so aufrichtig zu sagen, dass derjenige, der einmal das dort bereitete Essen gekostet hat, nicht mehr zurückkehrt und wie verzaubert allmählich vergisst, dass das Leben auf dem Lande das einzig wahre Leben ist. Doch wenn man es sich recht überlegt, wer wird sich an die

Brüste einer Mutter anklammern, die keine Milch mehr hat? Und daher ist es vielleicht besser als stehlen, wenn man zugibt, dass die Wurzel des Verstandes im Magen steckt.

Seit Gevatter Severino fortgegangen und aus der Stadt nicht mehr zurückgekehrt war, verlor Herr João allen Mut, der düsteren Zukunft entgegenzutreten. Er selbst bekam freilich nichts von der Fürsorge, weil er noch immer alljährlich seinen Zehnten an Steuern bezahlte. Er war Grundbesitzer, und solange man noch etwas zu verkaufen hat, wird man nicht als Bettler betrachtet. Doch wie oft hatte er Herrn Tuta um sein Glück beneidet, der in einem Anzug der Fürsorge herumlief und körperlich viel besser beieinander war als er.

Das letzte Mal, als Manozinho beim Straßenbau Arbeit gefunden hatte, strich ihm der Vorarbeiter vierzehn Tage später seinen Namen aus der Liste mit der Begründung, er habe den Befehl erhalten, aus »Ersparnisgründen« das Personal zu verringern. Manozinho war damals mit einem Maß Mais, einem Liter Erdnussöl und ein paar Kupfermünzen nach Hause gekommen.

Herr João aber war immer noch der Meinung, dass irgendeine Arbeit bei den Notstandsarbeiten immer noch besser sei als die Fürsorge. Denn dort fütterten sich eine Menge Leute durch, die noch gut hätten arbeiten können. Herr João war noch immer der Ansicht, er und Manozinho sollten noch nicht die ohnehin große Zahl der Bettler vergrößern, lieber wollte er, wenn es gar nicht anders ging, das Brot essen, das der Teufel gebacken hatte. Auf jeden Fall war er entschlossen, bis zum Letzten durchzuhalten.

Dabei wusste er, dass er mit allen seinen Hilfsmitteln am Ende war. Aber wenn schon alles zu Ende war, so hatte er immer noch Manozinho, der ihn mit Gottes Hilfe pflegen konnte. Sein Bruder Juvencio, der seit über dreißig Jahren in Amerika ist, hätte sich ruhig in der Stunde der Not an ihn erinnern können, aber von ihm war, Gott weiß, wie lange schon, keine Nachricht mehr gekommen. Sollte aber Manozinho wieder eine Arbeitsstelle finden, so wollte Herr João mit ihm gehen, und sei es bis ans Ende der Welt, denn so wenig er auch verdienen mochte, für sie beide würde es immer reichen.

Etwa einen Monat nachdem Manozinho ihn über den Zustand von Lugarinho unterrichtet hatte, begann sich Herr João, von einem tiefen Minderwertigkeitsgefühl befallen, darüber Gedanken zu machen, ob er nicht doch dem Weg seines Gevatters Severino folgen sollte. Er wusste, dass er sich keinen weiteren Knoten in die Gedärme machen konnte, und schließlich konnte sein Eintritt bei der Fürsorge so vor sich gehen, dass seine Freunde, die guten Freunde, die er an allen Ecken hatte, es nicht gerade erfahren mussten, dass er, Herr João Segurinho, darum gebeten hatte, auf die Liste der Bedürftigen gesetzt zu werden. Sie sollten weiter glauben, dass er ein armer alter Mann sei, dem es ganz gut gehe, wenn er auch nie etwas Geld auf die Seite hatte legen können, um seine gegenwärtige Not damit zu lindern. Möge Gott alles, was es auf der Welt gibt, durcheinandermischen und neu verteilen.

An diesem Tag hatte auch Manozinho kein Feuer anmachen können zwischen den drei Steinen des Herdes.

Als Herr Antonio Simão eintraf, lag João mit Durchfall zu Bett.

Manozinho holte ihn herein, damit man über die zu verkaufenden Gegenstände in Ruhe sprechen könne. Herr João richtete seinen Oberkörper auf, stützte sich mit den Ellenbogen auf das Bett. Um seinen Hals hing ein schwerer Rosenkranz aus schwarzen Steinen. Er war bleich und traurig. An einem bestimmten Punkt der Unterhaltung im abgedunkelten Zimmer sagte er mit kaum wahrnehmbarer Stimme, er sei entschlossen, alles zu verkaufen, und fügte, zu Manozinho gewendet, hinzu, die Heiligen allerdings seien für Herrn Minóta in Cidade Velha bestimmt. Er wolle alles verkaufen, sei alt und krank. »Am liebsten möchte ich keinen besseren Tod, als, wenn es Gott beliebt, im eigenen Bett die Augen zu schließen, in dem man sich schon so viele Tage ausgeruht hat.«

Herr Antonio Simão kam aus dem Viertel Santo Antonio und trieb seinen Handel, indem er bei den Leuten im Hinterland Gerümpel aufkaufte, das er dann später auf dem Marktplatz in Praia in der Alteisen-, Schrott- und Trödelabteilung wieder feilbot. Außerdem hatte er im Stadtviertel Santo Antonio eine Gastwirtschaft, die ihm jeden Tag etwas einbrachte. Wenn es ihm zuweilen an Geld fehlte, nahm er bei den Händlern der Stadt Kredit auf, der ihm gern gewährt wurde, weil seine Geschäfte immer einen sicheren Gewinn abwarfen.

Nach der Begrüßung und einem kurzen Einleitungsgespräch machte Herr Antonio Simão das Angebot, alles aufzukaufen, sofern Herr João bereit sei, ihm die Dachziegel zu verkaufen. Er wolle doch ohnehin nach Praia ziehen, um sich für sein Bein Medizin zu besorgen, wie er selbst gesagt habe.

Herr João blieb stumm und betrachtete Herrn Antonio Simão, und dieser nahm eine Prise und blickte unauffällig zum Eingang, wo sein Maultier die Ohren und den Schwanz bewegte, um in der glühenden Sonne den Fliegenschwarm zu verscheuchen.

Herr João warf Manozinho einen schmerzhaften Blick zu. Die Dachziegel verkaufen? Wo sollten sie wohnen, wenn sie selbst in Gouveia keinen Unterschlupf mehr hätten? Nein, die Dachziegel seines einzigen gedeckten Zimmers konnte er nicht verkaufen.

Ein Windstoß heißer Luft, die ohnehin nicht mehr zu atmen war. Alle schwitzten.

Herr Antonio mochte die Truhe, das Bett, den Stuhl, die Kiste und alles Übrige kaufen, aber die Dachziegel waren nicht verkäuflich. Herr João wusste noch, wie schwer es ihm gefallen war, das Zimmer von Frau Bajim zu verkaufen. Was dieser Mann hier haben wollte, das war einfach zu viel.

Welchen Wert das Haus seit 1940 eingebüßt hatte, wusste er nur zu gut. Es hatte damit begonnen, dass Frau Bajim, die Arme, ihren Goldschmuck verkaufte. Dann war die Kuh an Viehhändler gegangen, die sie nach São Vicente mitnahmen. Als es nun nicht mehr jeden Tag frische Milch gab, kam als Nächstes der Maulesel dran, den Herr João an die Soldaten verkaufte. Dann das Fischerboot und die wenigen Möbelstücke, die übrig waren. Vor drei Jahren hatte er schließlich begonnen, Ackerland zu verkaufen. Und als Herr João das letzte schmale Grundstück losgeschlagen hatte, brachte er vierzehn Tage im Bett zu, so sehr erschütterte ihn der Gedanke, dass er von einem ordentlichen Grundbesitzer zu einem mittleren und dann zu einem Kleinbesitzer geworden war und jetzt ein paar Schritte vor dem Nichts stand. So weit war es inzwischen gekommen. Er musste verkaufen, um die paar Sachen zu erwerben, die die Erde, wenn sie kann, in Überfülle liefert. »Der Lauf der Welt ist wie der Fächerschwanz einer Taube.« Wer weiß, ob nicht doch noch bessere Tage kommen werden? »Es liegt alles in der Hand Gottes.«

Frau Bajim hatte eine große Lücke hinterlassen. Nach ihrem Tode war niemand da, der Kuskus und Holzkohle verkaufen konnte, deren Erlös doch für einiges reichte. War jetzt das Ende gekommen? Eine so lange andauernde Krise hatte er nie erlebt, und selbst die Alten hatten nichts dergleichen erzählt. Es war eine Sintflut ohne Arche Noah.

Kurz darauf unterbrach Herr Antonio Simão die Stille und bat, man möge sich doch entscheiden, er müsse weiter nach Santana.

Herr João Segurinho warf Manozinho einen unentschlossenen Blick zu. »Ich lege zu dem vorgeschlagenen Preis noch zwanzig Escudos dazu«, sagte Herr Antonio Simão versöhnlich.

Manozinho meinte, das sei zu wenig. »Nun gut, dreißig Escudos darüber, aber keinen Pfennig mehr«, schloss der Vorstadthändler und tat, als ob er aufbrechen wolle.

»Schon gut, Herr Antonio Simão, ich verkaufe alles. Gottes Wille geschehe. Mein Fuß stört mich sehr, und ich möchte ins Krankenhaus gehen zur Behandlung«, sagte Herr João. Der schwierige Handel endete also damit, dass Herr João alles verkaufte, was ihm noch geblieben war, samt den Dachziegeln des einzigen gedeckten Zimmers, und dass er den Tag der Abreise in die Stadt auf einen Montag festsetzte und den Entschluss fasste, dem Weg seines Gevatters Severino zu folgen. Und er dachte sogar schon an das Gesicht, das er aufsetzen wollte, wenn beide, die Schüssel mit der Suppe der Fürsorge am Mund, einander begegneten.

Als das Fischerboot in der Bucht von Gouveia anlegte, stieß Ratinho seinen Pfiff aus. Er pumpte sich die Brust voll Luft und blies mit voller Kraft in die Muschel.

Manozinho eilte inzwischen den Hügel empor und traf Herrn João Segurinho in dem Häuschen. Mit Tränen in den Augen zählte er immer wieder das Geld, das er dann in eine alte Brieftasche steckte. Vom Vorplatz aus warf João Segurinho, gestützt auf seine schmierigen Krücken, einen Abschiedsblick auf das Anwesen, in dem er den größten Teil seines Lebens verbracht hatte. Er schluchzte, Manozinho trat auf ihn zu, nahm ihn huckepack auf den Rücken und trug ihn zu der kleinen Anlegestelle, um sich mit ihm einzuschiffen. Seit fünfzehn Jahren hatte Herr Segurinho Gouveia nicht mehr verlassen, nicht nur, weil ihm eine Reise Schmerzen bereitete, sondern auch weil sie nicht notwendig war. Statt seiner reisten Frau Bajim oder Manozinho zur Stadt oder anderen Orten und brachten alle möglichen Nachrichten mit, die Herr João

Segurinho immer mit lebhafter Neugierde anhörte. 1932, als man ihm das Bein amputierte, war er das letzte Mal in Praia gewesen. Und jetzt, da er alt und krank war, machte er sich wieder auf den Weg, ohne die Gewissheit, je wieder zurückzukehren. *Es ist schon wahr, sogar der Stein des Weges verändert seinen Ort, umso mehr der lebendige Mensch.*

Herr Ratinho, der mit Manozinho befreundet war, unterdrückte seine Aufregung und spannte beim Rudern mit aller Kraft die schlaffen Muskeln an. Das Meer war ruhig. Über Gouveia, das nun schon in einiger Entfernung hinter ihnen lag, kreiste eine Schar von Raubvögeln.

Als sie am Strand von Cidade Velha aus dem Boot stiegen, begegneten sie zwei bekannten Gesichtern. Der eine der Männer sagte, Herr Antonio Simão habe ihn geschickt, um die Dachziegel abzuholen, die schon an einen Händler der Stadt weiterverkauft worden seien. Herr João sagte ihnen, unglücklicherweise könnten sie hingehen und sie abholen, und so mieteten die beiden gleich das Boot von Ratinho, um dem armen Häuschen den Hut abzunehmen und seinen Kopf der nackten Sonne zu überlassen. Herr João ließ sich seine Krücken geben, und so gingen sie auf das Haus von Frau Minóta zu.

Da wohnte sie auf ihrem gestrandeten Boot und lebte auf Kosten ihrer beiden Töchter Mina und Cumàzinha, die den größten Teil ihrer Zeit in der Stadt verbrachten …

Herr João und Manozinho verabredeten, den Rest des Tages in Cidade Velha zu verbringen und erst am folgenden Morgen nach Praia weiterzureisen. Manozinho dachte schon an diese beschwerliche Reise, bei der er seinen Vater den größten Teil des Weges auf seinem Rücken befördern musste.

Still fiel die Nacht herab. Der Vollmond beschien die Ruinen der alten Kapellen und den Dom aus der Zeit König Philipps. Herrn João kamen die Erinnerungen an die Zeit, als er als junger Mann in Cidade Velha war. Und umso mehr empfand er die Erbärmlichkeit seiner gegenwärtigen Lage, eines vom Alter besiegten Mannes.

Nachdem sie Kuskus gegessen und Kaffee getrunken hatten, setzten sich Frau Minóta, Herr João und Manozinho vor den Eingang des Hauses und sprachen über den Verlust seines Anwesens. Ein paar Freunde kamen vorbei, die erfahren hatten, dass der ehemalige Küster der Kirche des heiligsten Namens Christi eingetroffen war. Man plauderte über die alten Zeiten und das Missionsleben. Herr João Segurinho erzählte, dass damals der Herr Pater Antonio Vicira, der auf dem Weg nach Brasilien war, in der Stadtkathedrale Ribeira Grande gepredigt hatte und wie kein anderer den Frommen Kraft und Weisung gab. Das waren noch Zeiten! Und aus dem Munde jenes Paters hatten die Leute damals zum ersten Mal erfahren, dass sich die Inseln auf dem Kreuzweg befanden, zwischen dem Leid und der Resignation.

Und dann wurden die Erinnerungen wach an die guten Zeiten von Herrn Pater Luciano, und bis tief in die Nacht wurde erzählt. Von dem Mais, der damals mit voller Kraft aus der Erde emporschoss, über die Unmenge von Korn, über die Bewässerung des Zuckerrohrs, das damals groß und hoch stand, vom Honig und vom schwarzen Zucker.

Und der Pater erzählte die alten Geschichten von Piraten und von den Leuten, die beim Alarmschrei flohen, um ihre Güter in die Verstecke zu bringen.

Die Beerdigung von Frau Candinha Sena

António Aurelio Gonçalves

Die Beerdigung von Frau Candinha Sena war auf zehn Uhr morgens angesetzt. Eine verteufelte Idee! Waren denn Abel Fereira und seine Leute nicht imstande, sie zu einer vernünftigeren Zeit anzusetzen? Dieser Abel! Dieser Abel! Glaubt er denn, eine solche Stunde sei angemessen für eine Beerdigung? Da soll man in glutheißer Sonne zum Friedhof gehen, in der Stunde der Hitze, wenn alle Leute bei der Arbeit sind. Ich zum Beispiel müsste um elf bei Monte sein, um Farbe einzukaufen. Aber nun kann ich das nicht und muss mich dann nachher eilen, um sie noch zu einem vernünftigen Preis zu erwischen. Ein solches Geschäft muss man nämlich schnell abwickeln. Wenn man es auf morgen verschiebt, ist es umsonst. Das alles ist wirklich störend, und ich sehe schon, dass bei der Beerdigung kaum jemand mitgehen wird. Aber wenn auch die anderen nicht mitgehen, ich muss dabei sein.

Das Haus von Abel Fereira liegt auf der Höhe von Celarine, ungefähr in der Nähe des Conego-Brunnens. Schon völlig erhitzt, mit offener Jacke, damit der Wind, der vom Monte Verde herkommt, mir das durchgeschwitzte Hemd trocknet, begegnete ich Norberto Santos. Das ist auch ein alter Bekannter von Frau Candinha. Als wir uns trafen, wollte er wissen, ob ich auch zur Beerdigung gehe. Ich sagte ihm: »Ja.«

»Gut, gehen wir also zusammen. Ich gehe auch hin.«

Es fehlte noch ein Stück Weg, bis wir dort waren, und so plauderten wir. Auch Norberto wunderte sich gleich über die seltsame Stunde: »Ich sage dir in aller Offenheit, da ich so bin, wie ich nun einmal bin, habe ich keine Lust, dabei zu fehlen. Sonst ginge ich ja nicht hin. Ich musste sogar eine Arbeit aufschieben. Abel hat sich wirklich eine höchst unpassende Stunde ausgesucht. Die arme Frau Candinha! Jetzt ist sie dahin! Wenn sie in den letzten Jahren nicht krank geworden wäre, hätte sie wirklich ein glückliches Leben gehabt. Diese zweite Heirat aber … Du hast recht, diese Heirat wäre sie besser nicht eingegangen. Was konnte sie bei Xalino schon für Glück erwarten? Ständig lebt er im Ausland, immer weit weg. Und vor allem diese Familie! Was für Leute! Haben alles verloren, haben nicht einmal ein Dach über dem Kopf. Aber sie machen auch nichts aus sich. Schwätzen unentwegt daher, und ihre Hauptbeschäftigung besteht bloß darin anzugeben, mit der gleichen Leichtfertigkeit. Da gibt es zwar eine, die eine Ausnahme zu sein scheint, ich meine Mana, aber guck sie nur an, gerade sie hat die Heirat von Frau Candinha verdorben. Erinnerst du dich? Und Abel ist nun der Erbe.«

»Na ja, wir werden ja sehen, ob Abel aus dieser Erbschaft etwas machen kann. So ein liederlicher Kerl!«

Wir erreichten den Hügel, auf dem Abels Haus stand. Die Jalousien waren heruntergelassen, aber beide Flügel der Eingangstür standen offen. Trauergäste gingen ein und aus. An der Tür angelehnt stand eine Gruppe Buben und Frauen aus dem Volk, die die Besucher betrachteten und ins Haus hineinspitzten. Gelegentlich erhob sich ein Weinen, sonst aber war es relativ still, ganz im Gegensatz zu dem Lärm, der üblicherweise die Häuser erfüllt, in denen man hierzulande eine Tote beklagt. Norberto trat ein. Ich blieb noch draußen und betrachtete zerstreut die graue und unfruchtbare Landschaft, durch die sich die Gruppe von Häusern planlos den Hang emporzog, der, mit Kies bestreut, prall in der Sonne lag. Ein Gürtel von Felsen und Bergen zog sich in einer unendlichen Wellenbewegung von roten Buckeln vom Monte Verde bis in die Gegend von São Pedro. Unten sah man ein Stück von der Bucht, die wie ein faules Mädchen am Fuße des Monte da Cara lag. Ohne dass ich besonders darauf achtete, fiel mir der Beginn meiner Bekanntschaft mit Frau Candinha wieder ein.

Es war lange her. Frau Candinha war eine ziemlich dunkle Mulattin, man konnte sie fast schwarz nennen, aber ihre Haare waren nur wenig gekräuselt. Nur sah man das selten, denn obwohl sie keine Frau aus dem Volk war, trug sie fast immer ein Kopftuch. Sie war mittelgroß, doch da sie beleibt und kräftig war, erschien sie klein.

An ihr Gesicht erinnere ich mich nicht mehr genau. Der Umriss ihrer damaligen Gesichtszüge erlosch mit der Zeit aus meinem Gedächtnis, drei Dinge aber habe ich nie vergessen: die schwarzen, lächelnden Augen, die zärtlichsten, die ich je in meinem Leben gesehen habe. Auch die Erinnerung an ihre Arme ist mir geblieben. Denn wenn sie mich umarmte, wurde ich es nie müde, mich in ihren Armen zu wiegen und mit ihr zu lachen. Auch den Eindruck ihrer sanften Haut vergesse ich nicht. Und ich brauche nur an sie zu denken, um von Neuem den Klang ihrer Stimme zu hören. Ich weiß noch, wie ich zitterte, wenn ich ihre Stimme hörte. Ich hob das Gesicht, rührte mich nicht, blickte sie schweigend an, als habe mich eine Überraschung verzaubert. Es war eine Stimme, wie man ihr selten begegnet, aus der sich ein tiefer, warmer, vibrierender Ton heraushebt, der von anderen höheren Tönen begleitet wird. Frau Candinha hatte eine Stimme voller Musik und voller Lieblichkeit für meine kindlichen Nerven.

Als sich ihre Krankheit in den letzten Tagen verschlimmerte, zog sie endgültig in das Haus ihres Neffen Abel Fereira, und dort starb sie. Aber bis dahin hatte sie immer in dem Häuschen gewohnt, das nur wenige Schritte von dem unsrigen entfernt war. Man brauchte nur einen kleinen Hang hinaufzugehen, und dann war hinten auf der linken Seite ihre Wohnung mit einer einzigen Tür und einem einzigen Fenster. Die Tür führte auf eine kleine glasgedeckte, von Efeu umwucherte Veranda mit Fensterkästen voller Tulpen, die die Verbindung zu einem kleinen Besuchsraum herstellte, der auf einen kleinen Küchengarten mündete, wo die Sonne ebenso sicher vorhanden war wie bestimmte intime Besucher, die Tag für Tag erschienen, sich hinsetzten, plauderten, ihr zuzwinkerten und niemals andeuteten, dass sie wieder gehen wollten. Da gab es Korbstühle und eine Schaukel, und in dieser Sitzgelegenheit oder am Fenster traf ich Frau Candinha später, als ich bereits die Erlaubnis hatte, mit den Buben meiner Gasse zu spielen oder mit Nhano, mit Pitcha oder mit Djindja, der Tochter von Frau Maria Arcangela, spazieren zu gehen. Aus der Entfernung, untergetaucht zwischen den anderen, lauerte ich auf das Erscheinen meiner Freunde. Ich war immer ein zurückgezogenes Kind. Die kurze Trennung eines Tages genügte, um meine Schüchternheit zu wecken. An ihrer Tür angekommen, hatte ich nur den einen Wunsch, hineinzugehen und mich wie im Sturm festlich in ihre Arme zu stürzen, wie ich es meine Kameraden tun sah, die mit ihr befreundet waren. Deren Gelöstheit war der Stolz der Familien und erweckte die Bewunderung der Fremden. In allen Gesprächen, denen ich zuhörte, war von ihrer unerschöpflichen Grazie die Rede. Die Kameraden waren mir Vorbild. Ich bewunderte sie wie Bevorrechtete und wünschte, ihnen zu gleichen. Aber eine innere Bremse schlug unweigerlich alle meine Impulse nieder. So ließ ich die Zeit verstreichen und tat so, als ob ich an der Ausgelassenheit teilnähme. In Wirklichkeit wartete ich nur auf sie. Sie sah mich, unsere Augen begegneten sich, und dann rief sie mich an. Manchmal ließ sie auf sich warten. Dann näherte ich mich geschickt Stück für Stück dem Haus von Frau Candinha. Ich schlich an der Wand entlang und erschien schüchtern lächelnd unter der Tür.

Bei solchen Gelegenheiten fand ich sie auf der Glasveranda, wo sie sich in ihrem Schaukelstuhl ausruhte. In der abendlichen Ruhe des kleinen Zimmers hörte ich nur das Knarren des Fußbodens und das Ticktack ihrer Stiefel, die, sich auf den Boden stützend, den Schaukelstuhl sanft hin- und herbewegten. Ihr Kopf war ins Kissen gesunken. Sie schien zu grübeln, und jedes Mal fiel ein schon kraftloser Sonnenstrahl leuchtend auf ihr Gesicht und flog wieder weg.

Sie lachte mich an und winkte mit der Hand, dass ich mich nähern sollte. Einen Augenblick später liebkoste sie mich im Nest ihrer Arme mit einer Stimme, wie sie die Turteltauben in der ersten Morgenfrühe haben: »Komm her, Mann. Seit Tagen habe ich dich nicht gesehen. Warum? Liebst du mich nicht mehr? So einer bist du also, mein kleiner Freund? Bist also auch wieder einmal hier. Ich liebe dich nicht mehr. Du bist gar kein netter Junge mehr. Warum bist du gestern nicht gekommen? Ich habe auf dich gewartet! Aber du bist nicht erschienen. Du weißt ja nicht, was du verloren hast. Ich habe etwas für dich aufgehoben, und da lässt du mich ohne deinen Besuch. Siehst du, dass es nicht gut ist, undankbar zu sein?«

Ich gab ihr keine Antwort. Ich blieb stehen, ein halbes Lächeln im Gesicht, und lehnte meinen Kopf an ihre Schulter. Ich fühlte mich so wohl, dass ich kein Wort hervorbrachte. Frau Candinha hielt mich umfangen, und ihr Gemurmel setzte sich fort: »Aber das ist gar nicht wahr, hörst du? Du bist gar nicht hässlich und auch nicht undankbar. Mein Christian soll hässlich und undankbar sein? Das ist eine Lüge! Aber sag, magst du mich wirklich? Ja? Sag noch einmal Ja! Dann gebe ich dir das Gewisse.«

Sie stand auf, und als sie zurückkam, brachte sie, in der Hand versteckt, eine kleine Flasche mit. Sie setzte sich, umarmte mich, legte ihre frischen Finger auf meine Augenlider und sagte: »Mach die Augen zu und den Mund auf.« Ich gehorchte, und kurz darauf begann sich ein Bonbon oder ein Pfefferminz auf meiner Zunge aufzulösen. Ich lachte laut vor Genuss und Freude. Frau Candinha sagte leise, den Mund ganz nahe an meinem Ohr: »Und du, was gibst du mir jetzt?« Ich drehte mich nach ihr um, und Frau Candinha umarmte mich mit noch tieferer Zärtlichkeit.

Das alles ist schon lange her. Aber die Erinnerung an Frau Candinha hat noch immer einen Zauber, der mich überwältigt. Es ist, als versetze sie mich in eine Atmosphäre, die nicht mehr zu der Welt gehört, in der ich jetzt lebe.

Ich hörte ein Geklingel, und kurz darauf erschien der Pater in einem weißen Umhang, mit dem Barett und mit seinem Gebetbuch zwischen den Fingern. Dahinter schritt in rotem Umhang ein kleiner Junge mit erhobenem Kreuz. An seiner Seite trug ein Chorknabe den Weihwasserkessel, schwenkte regelmäßig den Weihwedel und läutete im Takt die Glocke, die widerhallte und wie eine Kinderstimme klang und in der dicken Luft dem monotonen Ruf von Engeln glich.

Verschiedene Herren in Schwarz, die aus dem Inneren des Hauses herauskamen, stellten sich neben die anderen und warteten auf den Sarg. Ich näherte mich, und im gleichen Augenblick erschien an der Ecke Carlinhos do Alto de Miramar, weißhaarig, sein Alter auf gebeugten Schultern wiegend, mit ernster Miene, das Gesicht ein wenig nach vorn gestreckt, mit dem ruhigen und aufmerksamen Blick eines Menschen, der gewohnt ist, alles zu beobachten. Er war in Weiß gekleidet und hatte einen Sonnenschirm in der Hand.

»Der unausbleibliche Carlinhos«, sagte Anibal Duarte mit seiner tiefen Stimme. »Ich habe es nie erlebt, dass dieser Mensch bei einer Beerdigung fehlt.«

Norberto erinnerte sich und lächelte stolz. »Auch ich fehle nie, es sei denn, dass ich nicht kann.«

»Aber dieser Carlinhos«, erwiderte Anibal, »ist ganz außergewöhnlich. Er lässt sich keine einzige Beerdigung entgehen. Er lässt alles stehen und liegen, um einen Toten zum Friedhof zu begleiten.«

Mario Dias mischte sich ein und fügte hinzu: »Zweifellos, er ist ein Schaffer. Er ist die Seele seiner Firma. Aber ihr dürft ihm nie von einer Beerdigung erzählen, wenn er gerade bei der Arbeit ist. Denn eine Beerdigung ist ihm heilig, sie kommt immer zuerst. Mano, der in der gleichen Firma beschäftigt ist, hat mir erzählt, dass er immer eine schwarze Krawatte in der Tasche hat, für alle Fälle.«

»Es hat eben jeder seinen Tick«, philosophierte Anibal. »Aber so ist das eben auf der Welt. Ich bin genau das Gegenteil. Es ist eine Seltenheit, dass ich in das Haus eines Toten gehe. Mich nimmt das mit. Ich habe eine Aversion gegen alles, was mit dem Tod zusammenhängt. Diese Zeremonien, Beileidsbesuche, Klagegesänge, das ganze Milieu der Toten. Ach, ich möchte nichts damit zu tun haben.«

Mario Dias schlug mit seiner üblichen Knabenhaftigkeit die Hände aneinander, schwenkte sie in der Luft, als wolle er wie Pilatus alle Verantwortlichkeiten und unangenehmen Verbindungen von sich abschütteln, und sagte lachend: »Da bist du nicht der Einzige, auch ich möchte damit nichts zu tun haben.«

Alle fanden den Witz lustig, und keiner in der Gruppe blieb ernst. Einige lachten laut auf, andere unterdrückten das Lachen in einem gepressten Keuchen. Selbst Anibal Duarte stimmte in das Lachen ein und erklärte schließlich: »Schon gut, der Satz ist mir herausgeschlüpft, ohne dass ich es wollte. Es ist natürlich klar, dass jeder von uns, soviel ich weiß, genug Gründe hat, mit diesem Tod nichts zu tun haben zu wollen – glücklicherweise. Das wollte ich damit sagen. Aber noch etwas anderes. Im Gegensatz zu Carlinhos do Alto de Miramar möchte ich sagen, dass mich alle diese Zeremonien anekeln. Die Beisetzung, die Beileidsbesuche und all das Durcheinander, das gewöhnlich mit dem Tod verbunden ist. Ein Beisetzungstag oder ein Beileidstag macht mich gewöhnlich nervös und versetzt mich in schlechte Laune. Warum? Ich weiß nicht. Er irritiert mich. Ich finde das ganze Milieu scheußlich. Deshalb meide ich es, wo ich nur kann. Es sei denn im Falle einer mir sehr nahestehenden Person. Was die anderen Fälle betrifft, überlasse ich alles, was mit Toten zu tun hat, meiner Frau. Die kommt damit viel besser zurecht als ich. Und heute bin ich nur dabei, weil ich einfach nicht fernbleiben konnte. Frau Candinha war eine alte Bekannte meiner Familie, und Abel …«

Ein lautes Weinen, ein plötzliches Stimmengewirr erhob sich, und schon kam das Totengeleit aus der Tür. Allen voran der Sarg, von vier Freunden getragen, die vorsichtig über die Schwelle schritten und mit dem Fuß in der Luft die erste Stufe des Ausgangs suchten. Dahinter eine Gruppe von Dienstmädchen, Frauen aus dem Volk, die weinten und ihre Tücher schwenkten. »Leb wohl, Frau Candinha! O Frau Candinha! Nie wieder werde ich Ihnen den Stuhl vor die Tür stellen können, damit Sie sich darauf niedersetzen. O Frau Candinha, Frau Candinha!« Die Fenster öffneten sich, und Frauen lehnten sich hervor, schwenkten die Tücher und weinten aus geröteten Augen.

Wir schritten in einer schwarzen Reihe den Abhang hinunter. Schon bei den ersten Schritten hörten wir ein lautes Schluchzen, das wie ein Schrei vibrierte und wie der untröstliche Schmerz eines Kindes tief aus der Seele hervorzubrechen schien. Es begann mit einem unterdrückten Schluchzen, das in kleinen ununterdrückbaren Explosionen hervorbrach, gefolgt von lärmenden Klagelauten, die sich jäh herauslösten und sich zu einer langen, tiefen, rasenden Klage steigerten, die mich erzittern ließ und die banale Atmosphäre jenes warmen Morgens mit der Heftigkeit eines großen Schmerzes durchdrang. Ich drehte mich um, um festzustellen, wer Frau Candinha mit einem derart gefühlvollen Abschiedsgruß bedachte, und erkannte den Umriss einer Frau, die sich gerade umdrehte und von dem Fenster zurücktrat. Es war ihre Schwägerin, jene Mana, die Frau Candinha jahrelang das Leben schwer gemacht hatte.

»Warum das jetzt alles? Diese Heuchlerin!«, knurrte Norberto an meiner Seite.

Wir schritten jetzt am Doktorenbrunnen vorbei, der Priester mit großen Schritten voran. Die Klingel des kleinen Messbuben erklang mit lautem kindlichem Flehen, und dahinter kamen die Männer des Katafalks, die sich Mühe gaben, Schritt zu halten. Unmittelbar folgte die Gruppe der Dienerschaft, dann unsere Gruppe, die gesondert marschierte.

Die Verkäuferin eines Lädchens, eine Mulattin mit breiten Hüften, blieb unter der Tür stehen und sah die Beerdigung mit großen traurigen Augen vorbeiziehen. Sie murmelte etwas, gewiss etwas Trauriges. Da kamen auch Norberto die Erinnerungen: »Arme Maria Julia, ich sehe dich noch vor mir. Sie hatte den schönsten, den bestgebauten Körper in ganz São Vicente. Und ihr Zimmer war immer sauber. Und immer saubere Betttücher, schön stramm gezogen. Aber alles vergeht, alles vergeht!«

Mario Dias warf ihm einen spöttischen Blick zu. »Norberto, ich meine, du solltest nicht so viel weinen. Willst du es denn an die große Glocke hängen, dass du bei ihr nicht schlecht empfangen worden bist?«

Ich warf ein: »Norberto? Bei Norberto ist es kein Strohfeuer. Ihr wisst ja nicht, was ich damit sagen will. Damals hörte ich, wie das jemand sagte …«

Und Norberto, der mit gewölbtem Rücken voranschritt, brach in ein Lachen aus, das ihm im Hals rollte. Die Hitze war kaum zu ertragen, die Hitze dieses Gewittermorgens. Eine große schwarze Wolke schwebte tief herab, verdeckte die Sonne, filterte die Glut und schien uns glühenden Dampf über die Köpfe zu gießen. Norberto knöpfte sich seine schwarze Jacke auf und schwenkte, als er das schweißnasse Hemd auf beiden Seiten der Brust betrachtet hatte, die Jackenflügel wie große Ventilatoren.

»Junge, was ist das für eine Hitze!«

»Unerträglich«, bestätigte Anibal.

»Kann mir irgendeiner von euch erklären«, fragte Mario, »warum Abel die Beerdigung der armen Frau zu einer so ungeeigneten Zeit angesetzt hat? Zu einer Zeit, wo nicht viele Leute erscheinen können. Ich wette, er hat diese Beerdigung absichtlich zu dem werden lassen wollen, was sie geworden ist, der Trauerzug von einem halben Dutzend Katzen.«

Ein Neugieriger wollte wissen, wer wohl bis zum Friedhof mitgehe.

»Das weiß ich nicht«, sagte Anibal, »und es interessiert mich auch nicht. Ich gehe nur mit bis zur Kirche, und ich denke, das reicht. Damit habe ich meine Pflicht getan. Ich kann diese Hitze nicht aushalten. Und diese Sonne ist nicht einmal das Schlimmste. Später fällt bei diesem unbestimmten Wetter, das wir jetzt haben, auch noch diese Feuchtigkeit herab. Das ist dann ganz furchtbar. Zu dieser Zeit stecke ich mich gewöhnlich ins Bett, sofort nach dem Abendbrot. Ich wärme mir die Brust mit Jodwasser und mache die Fenster zu. Und trotzdem gelingt es mir nicht, diese verdammten Erkältungen zu vermeiden. Und außerdem habe ich ständig

Angst, denn eine Erkältung zieht immer noch Schlimmeres nach sich.«

Wir waren schon in der Nähe der Kirche. Norberto fing an, das Alter von Frau Candinha zu schätzen.

»Sie ist jetzt … warte mal … sie heiratete in dem Jahr, in dem João Rosinha gestorben ist. Weißt du noch, wann das war?«

Mario, der etwas voranging, wendete den Kopf und zeigte jenes Lachen, bei dem er die Lippen spitzte, um sich diese Gelegenheit, sich lustig zu machen, nicht entgehen zu lassen: »Ich kann mich daran nicht erinnern. Ich war damals noch nicht auf der Welt.«

Der Sarg wurde in die Kirche getragen, und drinnen begannen die Gesänge der Totenmesse. Die Männer blieben fast alle irgendwo im Schatten stehen oder drückten sich in die Ecken und füllten die Pausen mit kleinen Unterhaltungen, beschützt von dem bisschen Schatten, den man jetzt noch ausnutzen konnte. Ich suchte mir eine abgelegene Stelle auf der anderen Seite des Platzes.

Pikdame

João Lopes Filho

Tudinha saß auf dem Mörser, den sie quer in eine Ecke der aus Blechkanistern improvisierten Baracke gelegt hatte, und fachte mit trockenem Reisig das Feuer an, über dem, von drei Steinen gestützt, die Catchupa für das Abendessen kochte.

Abwesend starrte sie auf das Aufblubbern der Luftblasen zwischen Maiskörnern und Bohnen, die auf der Suppe schwammen, als ganz in der Nähe ein Hund dreimal aufheulte. Sie fuhr erschrocken auf, und wenn sie nicht alles täuschte, rief auch noch eine Eule direkt über der Hütte. Endgültig war sie jedoch von einem bösen Vorzeichen überzeugt, als ein schwarzer Falter auf die Flamme zuflog und die Petroleumlampe zum Erlöschen brachte.

Erstarrt vor Angst, beschwor sie laut die guten Geister: »Herr im Himmel! Oh, mein Schutzengel, Heiliger meines Namens, hilf!«

Die abergläubische Tudinha tat in dieser Nacht kein Auge zu. Angstvoll lag sie wach da und beschloss schließlich, zu Nho Piona zu gehen, damit er ihr die Karten legte und die Zukunft offenbarte.

Die armselige Hütte von Nho Piona lag fast völlig zwischen Kaffeebäumen versteckt. Er lebte dort zurückgezogen, zwischen Wänden aus nacktem rohem Stein, von denen nur Strohmatten die Feuchtigkeit etwas abhielten, in einer Atmosphäre der Meditation und des Mysteriums, als Gesellschaft nur einen Mondkalender und das *Buch des heiligen Cyprian,* das vom vielen Blättern schon ganz fleckig war.

Nho Piona war in der Gegend eine respektierte Persönlichkeit und ein anerkannter Wahrsager. Dem Aberglauben des Dorfes nach besaß er schier unbegrenzte Macht, sowohl im Guten als auch im Bösen. Die Menschen suchten ihn auf, um die schwierigsten Probleme zu lösen, denn er wusste außerordentliche Heilmittel und so weiter, konnte böse Blicke bannen, Flüche, die nüchtern im Morgengrauen gesprochen wurden (denn dann wirkten sie bestimmt), abwehren, Amulette zum Schutz gegen Krankheit und plötzlichen Tod anfertigen und wusste allerlei Gebete gegen teuflische Künste.

Am nächsten Tag, als Tudinha von der Quelle zurückkam, wich sie vom üblichen Weg ab und folgte dem Ziegenpfad, der sich zwischen Büschen zum Häuschen des Kartenlegers hinschlängelte. Sie durchquerte den kleinen Garten, in dem Rosmarin, Rutazeen, Malve, Majoran und andere Kräuter wuchsen, die Nho Piona für seine Zauberkünste brauchte. Mit ihren wohlgeformten, kräftigen Armen setzte sie energisch die Blechkanne ab, sodass das frische Wasser auf die Bank vor der Hütte spritzte.

»Guten Abend! Nho Piona gebe mir seinen Segen«, sagte sie und küsste die zerfurchten Hände des Alten, der auf der Türschwelle saß. Er hob ihre Hand an seine Stirn.

Nach einer kurzen Unterhaltung erklärte Tudinha, die nervös an ihrem Tragpolster nestelte, den Grund ihres Kommens. Nho Piona, an derartige Bitten gewöhnt, verzog die Lippen zu einem bösartigen Lächeln.

In der Hütte herrschte ein fahles Licht, das von den letzten Strahlen der untergehenden Sonne herrührte, die sich durch das dichte Blättergeflecht stahlen. Denn nur selten öffnete er das kleine Fenster, da ständig ein leichter Wind wehte. Der

Alte ging zu einer Nische, in der sich zwischen Heiligenbildern und verblichenen Holzschnitten bizarr anmutende Puppen und Rosenkränze aus bunten Glasperlen, Amulette und so weiter befanden. Er zündete eine Kerze aus Purgiernusssamen an, um die schäbige Hütte zu erleuchten. In den Löchern des festgestampften Lehmfußbodens hausten bösartige Kakerlaken (die personifizierten Boten des Unglücks).

Er nahm also ein abgegriffenes Kartenspiel, besah und mischte es, wobei er in der ihm eigenen, brabbelnden Weise Gebete murmelte. Er schob die Karten der Bittstellerin zu, damit sie sie in sieben Häufchen (die sieben Teile der Welt) lege.

Tudinha lauschte gespannt auf die zweideutigen Prophezeiungen, die Nho Piona hervorstieß, während er Karten der verschiedenen Farben aufdeckte. Aber alles, was sie verstand, war: »Es kommt Nachricht vom weiten Meer« und »Die Pikdame neben dem Herzbuben bedeutet, dass jemand in Ihr Schicksal eingreifen will.«

Auf einem schwarzen Eselchen kam Nho Miguel, der Briefträger in Assomada do Cerrado, angeritten. Er wühlte in seinem Sattelsack und zog ein Horn hervor. Die hohen Töne hallten in den Schluchten des zerklüfteten Umlands wider und kündigten die Ankunft der Post an. Alles, was Nachricht erwartete, kam auf dem Dorfplatz zusammen, wo die Verteilung der Briefe vor sich ging.

In ihrer Ungeduld, Neuigkeiten vom Liebsten zu erfahren, riss Tudinha ihm fast den Brief aus der Hand. Sie las ihn begierig und lächelte, um gleich darauf zu erklären: Martinho käme mit dem nächsten Schub Tagelöhner zurück.

Martinho von Nha Ana Chica war ein aufrechter junger Mann. Von Kindesbeinen an war er hart und unerbittlich im Kampf, und es gab kaum einen, der es mit ihm aufnehmen konnte. Er führte ein ruhiges und einfaches Leben. Mit seiner Mutter lebte er vom Tagelohn, den er sich mit der Hacke auf den Feldern verdiente. Er schuftete vom frühen Morgen bis zum Anbruch der Nacht. Aber eine Wendung des Schicksals nahm ihm Nha Ana Chica, und der Junge verspürte nun stärker den Wunsch, seine Tudinha zu heiraten.

Da die Erde nichts hergab – der Regen war die letzten Jahre knapp gewesen –, ging er nach São Tomé. Wenn er wieder nach Hause käme, könnte er sich mit dem Ersparten seinen Wunsch erfüllen.

Durch die Trennung lag eine große Leere zwischen ihnen, aber Tudinha hatte noch immer das Abschiedsständchen jener heißen Morgendämmerung im Ohr. In dem traurigen Klang der Morna »Stunde des Abschieds«, die von klagenden Geigen begleitet wurde, lag ihre ganze Sehnsucht.

Eine Rakete schoss in den Himmel … und zerbarst in einem Stern von Lichtern. Der apathische Flecken wurde an diesem Abend von einem außergewöhnlichen Ereignis aufgerüttelt. Die Tagelöhner aus São Tomé waren angekommen, und die Neuigkeit verbreitete sich wie ein Lauffeuer in der Umgebung.

In ihren Sonntagskleidern (geblümtes Tuch, Kattunbluse und karierter Rock) reihte sich Tudinha froh gestimmt in den Zug ein, der den Heimkehrern entgegeneilte.

Während sie gerührt die freudigen Begrüßungsszenen betrachtete und mit weit aufgerissenen Augen die Gruppe der Ankömmlinge nach Martinho absuchte, stiegen warme Erinnerungen schemenhaft aus der fernen Vergangenheit auf.

Da sie ihn nicht ausmachen konnte, fragte sie einen Bekannten, der ihr sagte: »Oje! Ist schon ’ne ganze Weil her, da hat der Junge sich mit ’ner andern zusammengetan und hat sein Vertrag auch schon verlängert.« Dicke Tränen rollten ihr über die Wangen. Tudinha spürte den bitteren Geschmack der harten Wirklichkeit – Martinho liebte sie nicht mehr … Das war die Macht des Schicksals. Nho Piona hatte recht gehabt.

Brennender Wind

Manuel Lopes

Um diese Jahreszeit waren die Einschränkungen besonders hart. Die karge Hauptmahlzeit bestand aus ein paar Bohnen, etwas gehackter Zwiebel, ein wenig Schweineschmalz und einer Handvoll Mais, von der noch etwas für den nächsten Tag übrig bleiben musste. Wie immer aßen sie vor Sonnenuntergang zu Abend. Danach ging der Pächter hinunter zum Absatz, den das Geröll oberhalb der Covoada, wo seine Felder lagen, gebildet hatte. Von hier aus konnte José da Cruz den größten Teil seines Pachtlandes überblicken. Die Arme vor der nackten Brust verschränkt, an seiner Pfeife kauend, verharrte er dort mit unbewegter Miene im sengenden Wind, der von Afrika herüberwehte, und beobachtete die unabwendbare Zerstörung jeglicher menschlicher Hoffnung. Die glutrote Sonne verweilte noch einige Augenblicke am Horizont, bevor sie, gleich einem Feuerrad, verschwand. Im Schein des blutroten Abendhimmels fraß der Ostwind unerbittlich alles Grün von den Feldern. Erst die Rinde und Blätter der Stiele, dann das Innere der Schösslinge, bis die Pflanzen abknickten. Der brennende Wind raste die Berge hinab, als befände sich dort oben der Eingang zur Hölle. Er fegte das zarte Grün von den Feldern, und dort, wo er vorbeigerast war, blieben gelbliche Brandflecken zurück, goldene, in der Luft tanzende Blätter und der stechende Geruch von gemahlenem Pfeffer. Verzweifelt wehrten sich die Maispflanzen; sie schienen die Menschen um Hilfe anflehen zu wollen. Bohnen- und Kürbispflanzen winkten verloren mit den nahezu blattlosen Stielen. Sie alle wurden von dem Wirbelsturm erfasst. Rote Staubwolken jagten durch die Luft.

Ohnmächtig beobachtete José da Cruz die unaufhaltsame Zerstörung. Er sah seinen Nachbarn Manuel, der wie eine Vogelscheuche im Hof seines Hauses stand. Zwei Tage zuvor hatte er dort noch im Mondschein Gitarre gespielt, und einige Mädchen hatten dazu gesungen. Etwas weiter unterhalb stand João Felícia auf einem kleinen Hügel in der Nähe seines Hauses. Ähnlich den verzweifelten Pflanzen sah man die Witwe Aninhas zwischen den Agaven mit den Armen fuchteln.

Als die Dunkelheit die letzten Konturen verschlungen hatte, verließ José da Cruz die Anhöhe und ging ins Haus zurück.

»Der Ostwind, Zepa, das ist der Ostwind«, sagte er. Zepa und die Kinder hatten sich in den Raum geflüchtet.

»Wir haben Ostwind, Zepa.« Sie stand auf und blieb vor ihm stehen. Einen Zipfel ihres Schultertuchs hatte sie schützend vor Mund und Nase gezogen.

»Dieser Wind ist eine Katastrophe«, meinte Zepa. »Wenn das so weitergeht, haben wir morgen nur noch Stroh auf den Feldern.«

Sie nahm einen Stab und zündete die ölhaltigen Samen an, die sie daran befestigt hatte. Dann steckte sie den Stab in einen Spalt in der Wand. Ein fahles Licht breitete sich im Raum aus. Aus dem Öl dieser Samen stellte Zepa auch Kerzen und Seife her. Für die Seife benötigte sie zusätzlich ein wenig Asche, die beim Verbrennen der Bananenstauden entstand. Kerzen und Seife wurden auf einem kleinen Brett aufbewahrt, das im Schlafzimmer unter der Decke hing. Die Kerzen, einige

Blechlöffel sowie zwei Teller waren für besondere Anlässe gedacht. Zepa war eine sparsame und umsichtige Frau.

Das Licht war so schwach, dass die rauen Wände völlig im Dunkeln blieben.

»Höchste Zeit, Streichhölzer zu sparen«, sagte Zepa, »aber wer hat schon Lust, bei solch einem Wetter aufzustehen und einen Glühspan zu holen?« Sie setzte sich auf den Hocker neben den Tisch und fuhr in anderem Ton fort:

»Die heilige Jungfrau wird ihre Kinder schon nicht im Stich lassen. Weißt du noch, vor fünf oder sechs Jahren, da sah es auch so aus, als käme der Ostwind, hat aber kaum Schaden angerichtet auf den Feldern, weißt du noch? Zwei Tage später gabs Regen, und alles wurde besser als je zuvor. Das war das Jahr, in dem die Ernte so gut war, dass wir nicht wussten, wohin mit dem ganzen Mais und den vielen Bohnen.«

»Es sieht aber nicht nur so aus, es ist der Ostwind.«

Zepa schaute ihn an, als sähe sie ihn zum ersten Mal. Sie bemerkte seine eingefallenen und zerfurchten Wangen, seine erloschenen, tief liegenden Augen, seinen müden und niedergeschlagenen Gesichtsausdruck. Das schwache Licht drang gerade bis zu ihm, und es war, als läge hinter ihm eine andere Welt.

»Ich habe Angst, dass die Quelle austrocknet«, murmelte er.

Ich habe Angst! Zepa erinnerte sich nicht, jemals von ihm dieses Wort gehört zu haben! Angst! Sie sah, wie er die Pfeife aus dem Mund nahm. Wie um die Wirkung seiner Worte abzumildern, fügte er in normalem Tonfall hinzu: »Morgen mache ich mich mit der Spitzhacke an die Arbeit. Ich lasse die Quelle nicht versiegen.«

Hier begann der Kampf. Der erbarmungslose Kampf gegen die Naturgewalten. Der Kampf gegen die Feinde des Menschen. Lautlos, aber dennoch auf Leben und Tod. Zuerst drang er ins Bewusstsein ein. Dann ins Blut und schließlich ins Herz. Der Mensch lehnt sich gegen die Naturgewalten auf. Aber durch Gottes Gesetz kämpft er gegen die von Gott geschaffene Ordnung. Dafür gibt er seine Kraft und seinen Willen. Mehr kann er nicht tun. Es gibt Dinge, gegen die er machtlos ist. Ihm sind Grenzen gesetzt. Sonne, Wind und Regen sind nicht beherrschbar. Gottes Wille ist stärker als der des Menschen, und doch muss der Mensch kämpfen.

Eine Strohmatte teilte den Raum, hinter ihr schliefen die Kinder. José da Cruz stand auf und zündete seine Pfeife an. Das kleine Licht zitterte im Wind, der durch die Ritzen in Tür und Fenster drang. Mühsam kroch die Flamme von Samenkorn zu Samenkorn und drohte jedes Mal dabei zu verlöschen. Auch Zepa zündete ihre Pfeife an und sog an dem abgekauten Mundstück. Auf ihrem Hocker zusammengesunken, sah sie aus, als ob sie betete.

»Hätt ich doch nur Wolle«, sagte sie und nahm die Pfeife aus dem Mund, »dann könnt ich zu Silvestre gehen. Er ist gerade mit seinem Webstuhl in der Nähe, wie ich gehört hab. Jetzt haben wir diesen Winter wieder keine Decke für die Kinder.«

José da Cruz ging zur Tür und lauschte.

»Ich dachte, ich hätte was gehört«, brummte er. Draußen heulte nur der Wind und fegte die Maispflanzen hinweg. Unerbittlich brannte er sie nieder, mähte sie vom Feld. Nicht der Fleiß des Menschen entschied, sondern das Schicksal.

José da Cruz ging erneut zur Tür. Er sah das Bild genau vor sich: die Pflanzen jämmerlich durchgeschüttelt, der Boden voll abgerissener Blätter, die Maispflanzen am Stumpf abgeknickt, die Köpfe der Bohnenpflanzen von den schmalen Stielen gerissen, zerfetzte Pflanzen, die den Abhang hinunterwirbelten. Der heiße Wind drang durch die Türritzen. Die Tür ächzte und stöhnte in ihrem Rahmen. Die Flamme flackerte wild hin und her.

»Da kommen Leute!«, rief José da Cruz.

Er öffnete die Tür einen Spalt weit. Ein Schwall heißer Luft strömte herein und löschte das Licht. Er versuchte, im Dunkeln etwas zu erkennen – nichts.

»Aber ich hab doch Schritte gehört«, sagte er und wandte sich seiner Frau zu. Vielleicht waren es auch nur die Papayas, die der Sturm vom Baum riss. Es tat weh, die grünen und unreifen Früchte fallen zu sehen.

In etwa einer Stunde würde der Mond aufgehen, dann konnte er nachsehen, was draußen geschah. Durch die vom heißen Wind gedehnten Türritzen glaubte er, einen Blitz zu sehen, der sich in der schwarzen Nacht entlud. Wenn es wirklich ein Blitz war, bedeutete das Regen!

»Hast du gesehen, Zepa? Es sah aus wie ein Blitz.«

»Ja, ich habs genau gesehen, es blitzte. Wenn es regnen würde, dann, Herr, dann …«

Mit zitternden Händen entriegelte er eilig die Tür. Jemand stand im Hof und richtete den Strahl einer Taschenlampe auf ihn.

»Ich bins, Miguel Alves.« Seine Stimme klang rau und flehend.

»Ah«, entfuhr es José da Cruz, von der plötzlichen Helligkeit geblendet.

»Was tun Sie hier um diese Zeit? Kommen Sie nur rein. Zepa, mach mal eine Kerze an! Senhor Alves, geben Sie ihr doch bitte ein Streichholz. Jedes Mal, wenn wir die Tür aufmachen, geht die Kerze aus. Hier, Zepa, zünd die Kerze an.«

Die Frau nahm die Streichholzschachtel und ging eine Kerze holen. José da Cruz zitterte vor Aufregung.

»Ich dachte, ich hätte einen Blitz gesehen, Senhor Alves. Ist Nino auch da? He, Nino! Es sah wirklich aus wie ein Blitz …«

Er ging in den Hof hinaus. Miguel Alves knipste die Lampe an und aus, knipste sie wieder an und aus. Der Pächter konnte die Maisstängel sehen, die in der Nähe des Hauses standen. Die kraftlosen Stiele wurden hin- und hergeschüttelt und zu Boden gedrückt. Nino band das Maultier in einer geschützten Ecke an. Zepa zündete die Kerze an, und sie gingen ins Haus. Eine Windböe fegte mit ihnen zur Tür hinein und löschte die Kerze, bevor José da Cruz die Tür schließen konnte. Zepa riss ein weiteres Streichholz an. Die Flamme loderte nahezu eine Handbreit auf und verbreitete eine ungewohnt festliche Helligkeit. Schimmernde Küchenschaben, die bis dahin im Verborgenen geblieben waren, huschten unruhig in den Ritzen der Wände hin und her. Schatten tanzten auf den Wänden.

»Guten Abend, Zepa«, sagte Nino und kratzte sich am Kopf, nachdem er die Mütze abgenommen hatte.

»Verfluchtes Wetter, was, José. Kann mich nicht erinnern, jemals einen solchen Ostwind gesehen zu haben. Es ist trostlos, unterwegs zu sein. Als wir noch weiter unten waren, gings, aber jetzt …«

»Und wie siehts nach Cidrão rüber aus?«

»Da waren wir noch nicht. Aber dieses Wetter bringt jedem Unglück.«

Miguel Alves ging gebeugt und zog die Füße nach. Er war nur noch ein Schatten seiner selbst. Er setzte sich auf die Bank am Tisch und streckte die Beine aus. Keine Ähnlichkeit mehr mit dem entschlossenen Mann, der morgens bei ihnen gewesen war, der Land kaufte, Zementbecken anlegte und Quellen nutzte. Es schien, als hätte er auf dem Weg durch den Ostwind seine ganze Persönlichkeit verloren. Müde ließ er das Kinn auf die Brust sinken wie ein Betrunkener und verharrte so eine halbe Stunde, ohne ein Wort zu sagen.

»Wir wurden von der Dunkelheit überrascht und hatten überlegt, nach Terranegra zu gehen, um da zu warten, bis der Mond aufgeht. Das Maultier ist aber so störrisch, dass keiner mit ihm fertigwird. Wenn ich nicht die Zügel genommen hätte, wäre es sicher mit Senhor Alves durchgegangen. Wir könnten schon längst weiter sein, aber das Biest ist so stur, dass es nur Ärger macht. Es geht zwei Schritte vor und einen zurück. Außerdem versteht Senhor Alves überhaupt nichts von Mauleseln.«

Zepa hatte ihre Pfeife versteckt und sich wieder auf den Hocker neben den Tisch gesetzt. Von dort aus beobachtete sie den Besucher.

Das war einer von der ganz vornehmen Sorte. Ein Tagesritt, und er ist mehr tot als lebendig. Sie bemerkte seine ausdruckslosen Augen, sein Atem ging schwer. Das Wetter war doch nicht so furchtbar, dass es ihn in einen derartigen Zustand versetzen konnte.

»Sie hätten doch im Haus von Serafin übernachten können und da auf den Morgen warten«, sagte José da Cruz.

»Bei diesem Wetter sollte kein Christenmensch draußen rumlaufen, schon gar nicht, wenn er es nicht gewohnt ist. Es ist besser, Sie warten hier. Ich besorge eine Decke und eine Matte für Senhor Alves. Das ist wirklich besser, als in diesem Wind rumzulaufen. Wir stellen das Maultier in den Kuhstall, dort hat es auch ein bisschen Stroh. Bestimmt ist es ausgeruht auch nicht mehr so störrisch. Ihr geht dann in der Morgenkühle los. Das Wetter wird sich sicher ein bisschen beruhigen, sobald der Mond aufgegangen ist.«

Nino war ein magerer, zäher Junge. Das Hemd in Fetzen, abgetragene Kakihosen. Ein Botenjunge, ein Fremdenführer, an Kälte und Sonne gewöhnt. Eine Tasche über der Schulter, unterwegs bei jedem Wetter und zu jeder Tages- und Nachtzeit, bei Regen, unter dem peitschenden Nordostwind im Februar. Man brauchte ihn nur anzutippen und zu sagen: »Gehen wir!« Mond oder Dunkelheit, Sonne oder Regen waren ihm egal. Wenn ihm nur der Weg bezahlt wurde, war ihm alles andere gleichgültig.

»Das verfluchte Biest hat keinen Hunger. Ganz vollgefressen ist es. Kein Wunder. Den ganzen Weg über hat es sich den Bauch mit Mais vollgeschlagen. Richtig übermütig ist es vom vielen Fressen geworden.«

»Ruhen Sie sich doch ein bisschen aus«, José da Cruz blieb hartnäckig. »Schaun Sie sich den Esel an. Selbst der spielt bei diesem Wetter verrückt.«

Miguel Alves schien aufzuwachen. Er machte eine ungeduldige Handbewegung, als wollte er die Unterhaltung ungeschehen machen: »Nein! Kommt gar nicht infrage. Hier bleibt niemand. Lasst uns gehen, und zwar gleich, das heißt, wenn der Mond schon aufgegangen ist. Geh raus und schau nach, Junge.« Er ekelte sich vor den Wanzen und Kakerlaken. Er konnte sie an den dunklen Wänden glänzen sehen, wie sie zwischen den Steinen hin- und herhuschten. Und es gab da bestimmt Tausende von Wanzen. »Ich will aus diesem Backofen raus.«

»Es dauert noch ein Weilchen, bis der Mond aufgeht«, warf José da Cruz ein. Er wollte, dass der Besucher dablieb, sich beruhigte, damit sie sich unterhalten könnten. »Im Morgengrauen schlägt das Wetter um. Der Wind hält nicht länger als zwei Stunden an. Es ist unvernünftig, bei diesem Wind nachts in der Gegend herumzulaufen.«

»Er will nicht. Er will nur schnell wieder nach Hause. Er hat sich ein Haus gebaut, klitzeklein, ein Raum nur. Aber wirklich gemütlich.«

»Ja wirklich, nichts geht über das Zuhause«, beeilte sich Zepa zuzustimmen, die den Besucher so rasch wie möglich aus dem Haus haben wollte. Und weil die Kerze zu erlöschen drohte, stand sie auf, kniff mit den Fingern den verbrannten Docht ab und schnippte ihn in die Ecke. Die Flamme loderte wieder fast einen Spann hoch auf. Zepa kehrte an ihren Platz zurück, und während sie Miguel Alves aus den Augenwinkeln beobachtete, fuhr sie gleichgültig fort: »Er sollte sich auch in dieser Gegend ein Häuschen bauen, um die Erntezeit hier zu verbringen.«

José da Cruz bemerkte, wie der Landkäufer, obwohl er sich gar nicht bewegt hatte, ungeduldig wurde. Manche Männer sind wie Maulesel. So ein Wetter geht ihnen an die Nerven. Jeder hat doch irgendwie unter dem Ostwind zu leiden. Darum musste er vorsichtig sein, denn bei dem Wetter könnte dieser Mann leicht unberechenbar werden. Und es war nicht ratsam, ausgerechnet denjenigen zu verärgern, der die Quelle ausbauen und ein Wasserbecken aus Zement errichten wollte.

»Sie werden sehen, wenn Sie die Covoada und die Quelle kaufen: Das Land ist vielversprechend. Besser noch als Ribeira das Patas«, sagte José da Cruz langsam, während er den Fremden mit fragendem Blick musterte. »Wenn die Quelle genutzt ist, eine Wasserrinne aus Zement gebaut – sie muss gar nicht sehr breit sein, drei Fingerbreit genügt –, wenn die Covoada bewässert ist, dann ist das Land so gut wie Ribeira do Paúl, sogar noch besser. Kennen Sie Ribeira do Paúl?« Er machte eine Pause, um eine Antwort zu bekommen, aber als er sah, dass der Besucher schwieg, fuhr er fort: »Sie werden nirgendwo was Besseres finden als diesen Boden im Norden. Wer hier bewässert, hat garantiert grünes Land. Wenn ich Möglichkeiten hätte wie Sie, würde ich mich um die Bewässerung kümmern. Wenn das trockene Land nichts abwirft, hat man so das bewässerte Land als Sicherheit. Aber Sie sollten sich auch ein gutes Stück trockenes Land kaufen. Damit hat man vier Monate nichts zu schaffen und Zeit für anderes. An Arbeit mangelt es sowieso nicht … Sind Sie nicht unten in der Gegend gewesen und haben sich unbewässertes Land zum Kaufen angesehen?«

»Er wollte nicht«, erläuterte sein Begleiter. »Er sagt, es liegt weitab vom Schuss. Kaum war er gestern aus der Schule raus, da schlug das Wetter um, und ihm machte der Weg arg zu schaffen. Diesen Wind verträgt nicht jeder …«

»Trotzdem. Ich könnte ein Wort mit Filomeno reden. Er will ein Stück Land verkaufen, um die Pacht zu bezahlen. Das ist die Hauptsache: gutes Land. Es ist ganz in der Nähe. Sie kommen direkt dran vorbei. Gute, frische Erde. In der Gegend fallen immer ein paar Tropfen. Selbst wenn es dort nicht regnet; Tau gibts immer. Und so, wenn ein Teil bewässert ist und ein Teil nicht, kann man sich schon durchschlagen.« Er wandte sich entschlossen Miguel Alves zu: »Ich kann ein Wörtchen mit Filomeno reden, wenn Sie wollen. Gleich morgen früh können Sie es sich ansehen. Nino kennt den Weg, aber ich gehe auch mit.«

»Lasst mich doch in Ruhe damit«, rief Miguel Alves, den das Gerede ärgerte. »Ich habe es schon mal gesagt. Lasst mich in Ruhe! Einmal in Cascais …« Die blinzelnden Äuglein auf José da Cruz gerichtet, murmelte er vor sich hin: »Wie! Nur wegen der einen Nacht sind Sie hergekommen …?« Er unterbrach sich peinlich berührt und schwieg verlegen.

Überrascht wandten Zepa und José da Cruz sich ihm zu. Nino, der gerade die Augen geschlossen hatte, um ein Nickerchen zu wagen, öffnete sie gelangweilt und schloss sie sofort wieder. In der kurzen Stille, die folgte, war das Umherwirbeln der Maisstängel zu hören, das Trommeln der Blätter, die der Wind gegen die Tür schleuderte. Der Wind heulte um das Haus, als suchte er eine Öffnung, um hineinzuschlüpfen.

»Was für eine Nacht«?, fragte José da Cruz vorsichtig.

»Ich komm hier noch um vor Hitze«, stöhnte Miguel Alves. Er richtete sich wieder auf. »Ich habe mein Lebtag noch nicht so ein Wetter gesehen. Dieser verfluchte Wind. Das hat mir gerade noch gefehlt. Ich will nichts von Kaufen wissen, weder hier noch sonst wo. Soll doch Senhor Álvaro seine Quelle und seine Covoada behalten. Das ist zwar alles ganz schön und gut, aber nichts für mich. Und damit Schluss jetzt. He! Junge, sieh nach, ob der Mond schon aufgegangen ist.«

Zepa musste sich auch einmischen und sagte barsch: »Mein Gott! Entsetzlich, so ein Wind, aber da kann man nichts machen. Das kommt alle zig Jahre mal vor.« Sie warf ihm einen verächtlichen Blick zu. Dich hat der Teufel geschickt, dachte sie. Du bist gegen uns. Gegen Isé, gegen meine Kinder, gegen mich, gegen das, was uns gehört. Wie dieser Wind. Aber er ist stärker als du. Der Wind ist gegen uns, aber er ist auch gegen dich. Besser so. Besser der Wind als du. Denn der Wind hört wieder auf. Wenn du nur erst weg bist. Zepa blickte auf den vornehmen Herrn, der von außerhalb gekommen war, um den Frieden der Familie zu stören.

»Vor so einem Wind braucht man keine Angst zu haben«, fügte José da Cruz hinzu, ohne sich etwas dabei zu denken. »Der Wind frisst niemanden auf, jawohl, niemanden …«

Aber Miguel Alves war auf den Boden der Tatsachen zurückgekehrt. Die Wirklichkeit hatte ihn wieder gepackt.

»Es ist beschlossene Sache. Reden wir nicht mehr drüber«, und versonnen fuhr er fort: »Ein Traum war es, der sich in Luft auflöste.« Er dachte dabei nicht an Land … Ob sie das verstanden oder nicht, das war nicht seine Sache … Ihm stand die Szene noch deutlich vor Augen: Die Lehrerin, ihr Lachen, als sie seine Liebeserklärung zurückwies. »Ich war wohl seekrank«, sagte sie, während er sie fassungslos anstarrte. »Ich erinnere mich an nichts.«

Er fühlte in sich eine abgrundtiefe Leere, und innerlich schrie er auf: Ja! Nur wegen dieser einen Nacht bin ich gekommen …

José da Cruz ließ nicht locker: »Wenn ein Mann sich etwas vorgenommen hat, bringt er es auch zu Ende. Sie werden es nicht bereuen« – während er sprach, fixierte er den Landkäufer mit angespanntem Blick. »Und lassen Sie mich eins sagen:

Ich weiß nicht, was Senhor Álvaro dazu gebracht hat, die Covoada und die Quelle zu verkaufen. Noch als er das letzte Mal hier war, sagte er – und zwar in Gegenwart von Zepa, die kann es bezeugen: ›Da Cruz, nur ein großes Missgeschick kann mir die Covoada entreißen.‹«

»Das stimmt«, bekräftigte seine Frau, »ich weiß wirklich nicht, was Senhor Álvaro dazu bringen konnte, die Covoada zu verkaufen.«

Nino hatte inzwischen durch einen Spalt in der Tür gespäht.

»Am Himmel ist ein heller Schimmer. Sieht so aus, als ob der Mond bald aufgehen würde«, sagte er gleichgültig, während er sich von Neuem auf dem Sack niederkauerte, den er an der Wand ausgebreitet hatte.

»Gehen wir also. Los, mach das Maultier fertig.«

»Fünf Sack Zement und eine Ladung Kalk aus Senhor Lourenço de Ninhás Ofen würden reichen. Dazu Steine aus Santa Bárbara. Mehr würd ich nicht brauchen. Ich und noch zwei Männer, João Felícia und Manuel. In weniger als zehn Tagen hätten wir eine Wasserader entdeckt. Ich sag es Ihnen. Eine große Sache, die Sie sich da entgehen lassen wollen. Und noch dazu für wenig Geld. Die Wasserrinne würde das ganze Feld entlanglaufen, das ganze Feld, und in einem soliden Becken enden. Einem Becken aus Steinen und Kalk – mein Freund João Felícia versteht eine Menge davon. Ich kenne keinen besseren Maurer hier in der Gegend – so, Stück für Stück, und nur so hoch, das reicht. Man müsste das Wasser nur die ganze Covoada entlangleiten, und dann kann man schon Kartoffeln und Maniok pflanzen. Alles, was Sie nur wollen!«

Das Gerede ging Miguel Alves bereits auf die Nerven.

»Was ist nun, Junge«, er wandte sich eigensinnig dem Führer zu. Dieser zeigte sich in keiner Weise bereit, seinen Sack zu verlassen, solange er nicht wusste, wer von beiden die Oberhand gewinnen würde. »Gehen wir nun oder nicht? Ich frage dich schon zum zweiten Mal, und du rührst dich nicht.«

»Warten Sie noch ein bisschen, Senhor Alves. Der Mond ist noch nicht aufgegangen.« Das war keine Faulheit. Zweimal schon hatte José da Cruz ihm mit Blicken bedeutet: Bleib noch ein paar Minuten, wo du bist. »Der Mond ist noch nicht aufgegangen. Das ist nur ein Schimmer.« Außerdem war er todmüde. Er setzte großes Vertrauen in José da Cruz' Überredungskünste. Er könnte die ganze Nacht da verbringen. So, wie er da kauerte. Wenn es jedoch losging, würde er gehen.

José da Cruz schien nachzugeben.

»Wenn ich Geld hätte … Man rackert sich ständig ab und bringt es doch zu nichts …«

»Lass doch gut sein, Isé«, kam ihm seine Frau zu Hilfe. Sie begann den vornehmen Fremden zu hassen. »Siehst du nicht, dass er nicht will? Da kann man nichts machen …«

Durch die Ritzen der Tür und der Fenster, durch die Risse in der Wand blies der Ostwind noch immer seinen heißen, stechenden Atem. Die hohe Kerzenflamme flackerte hin und her und warf in zitternden Spiralen schwarzen Rauch gegen die Decke. Von Zeit zu Zeit erhob sich Zepa, langte nach der Kerze und kniff den Docht ab. Dann richtete sich die Flamme wieder auf. Wie ein Ertrinkender, der Boden unter den Füßen spürt.

Auf dem Gesicht von Miguel Alves zeigte sich plötzlich eine große Ruhe. Gelassen blickte er in die Runde. Er hob die Hand zum Kopf, fuhr sich mit den Fingern durch die zerzausten Haare.

»Ich will damit nicht sagen«, erklärte er, wie um zu beschwichtigen, »dass ich meine Meinung nicht vielleicht ändern werde. Ja, das will ich nicht ausschließen. Aber Tatsache ist, dass ich nicht kann. Ich kann nicht. Ich sagte ja bereits: Es war ein Traum, der sich in Luft auflöste.« Er fühlte sich unendlich erleichtert, aber gleichzeitig unsagbar traurig. Er musste ja schließlich nicht alles sagen, zum Teufel! Ein Mann legt nicht einfach sein Innerstes bloß. Sie sollten ihn in Ruhe lassen. Er erhob sich entschlossen. Nino blieb keine andere Wahl, als seinen Platz auf dem Sack zu verlassen. Senhor José da Cruz ging aus der Schlacht mit diesem halsstarrigen Mann geschlagen hervor. Draußen jammerte noch immer der Wind. Eine Handvoll Staub prasselte, Regentropfen gleich, an ein Fenster. José da Cruz öffnete die Tür. Der Mond war noch nicht zu sehen, aber ein diffuser blassroter Schein beleuchtete hier und da Teile der Hügelkette an der Küste. In zehn Minuten würden die Wege in Mondlicht gebadet sein. Miguel Alves ging hinaus auf den Hof. Die Kerze verlöschte. »Was für ein Elend«, rief Miguel Alves aus. »Diese öden Felder, der Wind, der die Haut verbrennt, und dieser traurige Mond, der blutrot auf den Hügel scheint. Das ist ja deprimierend. Machen wir uns auf den Weg, bevor es zu spät ist ...« Er hörte die Stimme der Frau ihn um Streichhölzer bitten. Er reichte ihr die Schachtel.

»Nehmen Sie ein paar Hölzer ...«

Der Führer ging das Maultier holen.

»Beeil dich, Junge!«

Zepa ging in die Hütte und erschien erneut, in einen Schal gehüllt. Sie sah von der Türschwelle aus zu, hatte einen Zipfel des Schals schützend vor Mund und Nase gezogen. Miguel Alves zündete die Laterne an und schwenkte sie ringsherum. Einen kurzen und tragischen Augenblick lang sahen Zepa und José da Cruz den zerstörten Mais, fast vollständig entblättert, zu Boden gedrückt. Das Ende einer verlorenen Schlacht. Der Führer brachte das gezäumte Maultier. Der Mond erhob sich langsam über den Bergen. Während José da Cruz Miguel Alves aufsitzen half, sagte er zu ihm: »Das ist ein furchtbares Wetter. Es ist nicht immer so, um Himmels willen, nicht immer. Sie brauchen es uns nur wissen zu lassen, wenn Sie sich entschieden haben. Machen Sie alles mit Senhor Álvaro aus, und geben Sie Bescheid …«

Miguel Alves lauschte noch immer der Stimme, die ihn nicht losließ: Lassen Sie doch die Geschichte von der Nacht damals. Sind Sie wirklich nur wegen dieser einen Nacht hergekommen? – Seien Sie kein Unmensch. Gehen Sie, Senhor …

Ja, nur wegen dieser einen Nacht. Ein Kutter im Kanal, eine Frau mit offenen Haaren und weicher Haut und ein sternenübersäter Himmel in ihren Augen. Nur wegen dieser einen Nacht, jawohl. Aber für ihn, Miguel Alves, hatte der Kutter Grinalda Schiffbruch erlitten. Er sank inmitten der treibenden Sterne. Ein gläserner Traum, der zerbrach. Und keine unbekannten Inseln in Sicht. Nur dunkler Horizont.

Leandro

Manuel Lopes

Leandro hatte sich an die Einsamkeit der Hochebene gewöhnt. Seit ungefähr acht Jahren, wohl seit er zehn oder elf war, hütete er die Kühe, Ziegen und Schafe vom Bauern André aus dem Tal Ribeira das Patas und einem anderen Viehbesitzer aus Altomiro. Während dieser ganzen Zeit hatte er viele Kameraden gehabt. Sie kamen und gingen. Das Leben mit den Tieren in der Abgeschiedenheit der Hochebene, wo im Sommer sengende Hitze herrschte und in den Winternächten ein scharfer Wind blies, war hart. Nicht jeder konnte die Stille dieser menschenfeindlichen Landschaft auf Dauer ertragen. Leandros Gefährten wechselten oft. Jetzt begleiteten ihn Luís, ein hagerer Bursche, der den ganzen Tag vor Kälte zitterte, und dessen Vater, ein wortkarger Mann mit einem großen Schnurrbart. Vater und Sohn wechselten sich alle drei Tage ab. Leandro jedoch blieb immer auf seinem Posten, und nur selten fehlte er.

In der Ferne konnte man ab und zu Menschengestalten ausmachen: Hirten, die weit über die ganze Insel verstreut lebten, Frauen mit Lasten auf dem Kopf und Männer, die Packesel vor sich hertrieben. Davon abgesehen gab es in dieser Einöde keine Menschenseele. Das Weidegebiet, das er sich ausgesucht hatte, lag weit abseits der Straßen und Wege. Mit seinen Tieren durchstreifte er die engen, zwischen kargen Hügeln eingebetteten Täler der unwirtlichen Hochebene. Der alte Tiofino oder sein Sohn kamen immer nur am Nachmittag, um das Vieh zusammenzutreiben. Morgens, noch vor Sonnenaufgang, molk Leandro mit einem der beiden die Kühe und Ziegen, der andere pflegte den Käse nach Ribeira das Patas oder Altomiro zu bringen und kehrte erst drei Tage später zurück. Dann erst machte er sich mit dem ganzen Vieh auf den Weg, während sein Gefährte zurückblieb, um den Käse herzustellen.

In den anderen Gegenden der Hochebene, auf den Lichtungen, wo Flächen verbrannten Grüns zwischen verwitterten Granitblöcken verborgen lagen, hüteten andere Hirten das Vieh von anderen Bauern.

Über der ganzen ungleichmäßigen Weite des Campo Grande lag eine sonnendurchflutete Stille, die die Welt zu umhüllen schien. Nur dann und wann unterbrochen vom Brüllen der versprengten Tiere. Am blaugestrichenen Himmel flohen die Wolken um die Wette davon, blieben für Augenblicke an den höchsten Felsnadeln hängen, ließen sich zerreißen, doch nur für Sekunden aufhalten. Erlangten sie dann die Freiheit, warfen sie Schattenfetzen auf das weite Land, welche, vom Wind vorangetrieben, der an den Bergkämmen pfiff, die Hochebene von einem Ende zum andern in wildem Lauf durchrasten, die trockenen Flusstäler übersprangen, über die tonfarbenen Hügel und ausgebrannten Gipfel glitten, im Nu dann das Vorgebirge des Monte Trigo überwanden oder die rauen Steilwände des Topo de Coroa, des höchsten Berges auf der Insel, erklommen, wo sie sich noch einige Minuten lang ausruhten, um sich dann endlich in abenteuerlicher Fahrt auf das weite Meer zu stürzen.

Das Schauspiel der Wolken war für Leandro die einzige

Abwechslung auf der Hochebene. Jede Wolke sah anders aus, gleichzeitig aber schien es ihm, als ließen sie sich von der menschlichen Fantasie formen. Es machte ihm Spaß, sich auf den Rücken zu legen und zu beobachten, wie sie in der blauen Weite des Himmels immer nur in eine Richtung dahinschwebten, als ob es am Himmelszelt von Gott vorgezeichnete, für den Menschen unsichtbare Wege gäbe. Nachts, wenn die letzten Spuren der Dämmerung erloschen waren, leuchtete Stern für Stern auf, bis plötzlich der ganze Himmel von Sternen übersät war. Überall unendlich viele Sterne, die bald in blassen Farben, bald in kräftigem, unruhigem und kaltem Blau, bald in schillernden Farben, grünlich rot, rot-grünlich, flimmerten und in der Dunkelheit der Nacht gleich bunten Zündhölzern aufflammten. Manchmal, wenn die Stille bis in die unendlichen Höhen emporstieg, glaubte Leandro, sie knistern zu hören, wie brennendes Holz, so nahe fühlte er sich ihnen.

Er liebte die Einsamkeit. Die Menschen waren ihm gleichgültig. Nur der Vater, die Brüder und die Stiefmutter lagen ihm am Herzen. Sie waren die einzigen Menschen, die ihm vorbehaltlos begegneten. Er liebte aber auch seinen braunen Hund Picaroto, ein hässliches Tier mit struppigem Fell, aber mit reiner Seele und vor allem sehr intelligent. Picaroto verstand seinen Herrn, fast begriff er seine Worte, folgte ihm auf Schritt und Tritt. Jedes Mal, wenn sich sein Herr verirrte – was sehr selten und nur in dunklen Nächten geschah –, übernahm er die Führung, und mit der Schnauze am Boden entlangschnuppernd brachte er ihn wieder auf den richtigen Weg. Aber wirklich lieben konnte Leandro nur die Wolken, die fantastische Gestalten annahmen, die wilden Pflanzen, die Vögel, die am weiten Himmel einsam ihre Kreise zogen, und die Felsen, die ihm in der Einsamkeit zugleich Gefährten und Beschützer waren. Was die Frauen betraf, bildete seine Stiefmutter, die ihm wie eine zweite Mutter war, eine Ausnahme, denn alles, was er sonst für Frauen empfand, ging nicht über Instinkte hinaus; es war etwas Rätselhaftes, das er nicht mit dem Verstand erklären konnte. Er machte keinen Unterschied zwischen Hübschen und Hässlichen, Jungen und Alten, Dicken und Dünnen; nie hatte er sich für die eine oder andere entscheiden müssen. Hierbei würde ihm wahrscheinlich nur der Zufall die Entscheidung erleichtern.

Er fühlte sich glücklich inmitten der Berge und Wolken, zwischen den Ginsterbüschen, die den Boden bedeckten, und unter den einsam am Himmel kreisenden Vögeln. Er kannte die verborgensten Trampelpfade, die die Gebirgslandschaft der Insel durchzogen. Wenn Wind und Wetter die Wegspuren verwischt hatten, wusste er, wie er das andere Ende finden konnte. Ein unendliches Labyrinth aus schmalen Felsgängen, die überall und nirgends hinführten, durchzog diese Landschaft. Die trockenen Flusstäler, Pässe, Gipfel, Schluchten und Hügel, die an der Südküste gegenüber der Insel São Vicente sowie am nördlichen Gebirgsrücken eine natürliche Grenze zu den bestellten Feldern der Berghänge bildeten, kannte er wie seine eigene Westentasche. Er brauchte nur stehen zu bleiben, nach dem Topo de Coroa Ausschau zu halten, und sogleich wusste er seinen Standort zu bestimmen. Er kannte die Erdspalten, die hier und dort plötzlich im Boden verschwanden und weiter hinten wieder zum Vorschein kamen. Kaum einer kannte so gut wie er die Verstecke der Wildziegen im westlichen Vorgebirge und in den zerklüfteten Steilwänden des Topo de Coroa.

Gerne erzählte er die Anekdote von dem Jäger aus São Vicente, der sich von Kopf bis Fuß mit allem Möglichen ausstaffiert hatte. Er trug neue Kleider, neue Gamaschen, glänzend gewichste Schuhe, und er hatte ein ebenfalls kaum gebrauchtes Gewehr mit großer Schussweite bei sich, das sicher sehr teuer gewesen war. Nach langer Verfolgungsjagd, die den ganzen Vormittag dauerte, war es Leandro gelungen, ein Prachtexemplar von einer Ziege, kräftig und mit glänzendem Fell, von der Herde abzusondern und in eine Felsenschlucht hineinzutreiben. Der Jäger brauchte sich nur noch am Ausgang der Schlucht zu postieren und einen günstigen Augenblick abzuwarten, um abzudrücken. Als das Tier aber sah, dass es in die Enge getrieben und der einzige Fluchtweg versperrt war, stürmte es in seiner Verzweiflung auf den Jäger los. Dieser brachte vor lauter Panik nicht mehr den Mut auf, loszufeuern, kniff die Augen zusammen, warf die Arme in die Luft und ließ dabei die Waffe fallen (aus der sich beim Aufprall auf den Boden ein Schuss löste und ihn am Bein verletzte). Das Tier, das ja nur die Flucht im Sinn hatte, preschte mit gesenktem Kopf wild auf den armen Jäger los, packte ihn mit den Hörnern, schleifte ihn wie einen Stofffetzen mit sich, ließ ihn schließlich ein paar Meter weiter neben einem Felsen fallen, ergriff daraufhin die Flucht und war, ehe man sichs versah, verschwunden.

Es kostete Leandro viel Schweiß, den armen Kerl nach Cidrão hinunterzuschleppen, von wo er Hilfe holte.

Leandro hatte nur wenige Freunde. Gleich auf den ersten Blick bemerkte man seine raue, mürrische und misstrauische Art. Selten schenkte er jemandem sein Vertrauen. Die anderen hatten es immer leichter als er, seine Freunde ließen ihn nach kurzer Zeit im Stich und vergaßen ihn. Sie hatten eben ein anderes Schicksal, und das Glück stand immer auf ihrer Seite. Sie genossen Vorzüge, an die Leandro nie herankam; wenn sie nämlich erst unten im Tal einen Arbeitsvertrag abgeschlossen hatten, setzten sie auf die Nachbarinsel São Vicente über, wo sie Geschäfte machten oder sich als Fischer für die Thunfischfabrik in Tarrafal einstellen ließen – überhaupt hatten die es viel leichter, Arbeit zu finden. Die Narbe in Leandros Gesicht war ihm nie eine gute Empfehlung gewesen. Aus diesem Grund hatte er auch das einsame Hirtenleben gewählt. Jetzt jedoch begannen die Viehbesitzer ihre Tiere zurückzuholen, aus Angst vor den hungernden Menschen und den Strauchdieben, die vor allem auf frisches Fleisch aus waren. Mit dem Einsetzen des Ostwindes und den ersten Überfällen fand man immer weniger Vieh auf der Hochebene. Als der Winter hereinbrach, war der Campo Grande wie ausgestorben.

Er wusste eine mitleiderweckende Geschichte aus seinem Leben zu erzählen. Eben die Geschichte der Narbe. Sein Mund schien bis an das rechte Ohr aufgerissen und verlieh ihm einen düster-höhnischen Gesichtsausdruck. Der riesige, verzerrte Mund setzte ihm ein merkwürdiges und unheimliches Grinsen auf, das einem nicht gerade Vertrauen einflößte. Sobald er in die Täler hinabstieg, nach Porto Novo, Tarrafal oder sonst wohin kam, starrten ihn die Menschen misstrauisch an, ihr Blick auf diesen riesigen, schiefen Mund mit den verkniffenen Lippen gerichtet, als ob ihn Gott für begangene Verbrechen gebrandmarkt hätte. Immer und immer wieder hatte er dieselbe Geschichte erzählen müssen. Keine neun Jahre alt war er, als die Sache passierte. Er wusste aber nicht, dass der Riss in seiner rechten Wange sein Leben in zwei ungleiche Hälften gespalten hatte, die einander so wenig ähnelten wie die linke Gesichtshälfte der rechten. »Nho Filipe, der ists gewesen, der Sohn von der alten Joana aus Ribeira dos Bodes. Kann sein, dass ihr ihn nicht kennt, ein Teufelsbraten, sag ich euch, und dumm wie ein Esel, aber doch 'ne Seele von Mensch, der Arme; war früher mal Pächter bei Nho Januário aus Ribeira da Cruz. Der ist vor Kurzem erst gestorben, Gott hab ihn selig. Schaut her, so was kann doch nur 'n richtiges Buschmesser fertigbringen, was? Der arme Kerl ist dann im Knast gelandet – nach São 'Cente hat man ihn gebracht –, da gings ihm ganz schön dreckig. Er hatte ja keine Schuld, ich hab aber auch nicht gesagt, dass er nicht schuld war. Ich sagte nur, ich weiß nicht, ich weiß nicht, ich hatte doch so eine Wut auf ihn, und überhaupt war ich noch viel zu jung, um an das Unglück der andern zu denken.« Damals waren beide gerade damit beschäftigt, einen Guajavenstrauch am Ufer eines Baches abzuholzen und die abgeschnittenen Äste auf die Böschung zu werfen, die zum Bachbett hin abfiel. Plötzlich machte Leandro eine ungeschickte Bewegung, und um nicht den Abhang hinunterzustürzen, sprang er mit einem Satz in den Bach; im selben Augenblick sauste auch schon das Messer in Nho Filipes Hand von rechts nach links – so, seht ihr? –, und ein Sonnenstrahl ließ die Klinge aufblitzen. So war es und nicht anders. Eine einfache Geschichte, die er schon tausendmal erzählt hatte. Wer ihm zuhörte, verzog das Gesicht vor Entsetzen, blickte ihn schmerz- und mitleidvoll an. Die Anteilnahme der anderen machte ihm zu schaffen. So kehrte er ihnen den Rücken und machte sich verächtlich davon, aber im Grunde seines Herzens war er verzweifelt. Und er fragte sich, was ihm lieber war: sich dem Mitleid der anderen auszusetzen oder aber auf seine Geschichte zu verzichten und sich misstrauisch und ängstlich wie einen professionellen Mörder beäugen zu lassen …

Der Ostwind hatte nicht das gesamte Weideland vernichtet, obwohl er einem unsichtbaren Flächenbrand gleich das Gras versengt hatte, das doch widerstandsfähiger war als die von den Menschen angebauten Pflanzen. Mit der Zeit erschienen aber auch die ersten Räuber auf der Hochebene, diejenigen, die nur auf das geringste Anzeichen einer Katastrophe zu warten scheinen, um ihren räuberischen Instinkten freien Lauf zu lassen. So mancher Hirt beklagte sich über nächtliche Überfälle auf die Viehgehege. Berechtigte Furcht ergriff die Viehbesitzer, und einer nach dem anderen fing an, seine Tiere von der Weide zu holen. Einen Monat nach Einsetzen des verheerenden Windes war Leandro noch immer auf seinem Posten; dann schließlich erschien der alte Tiofino mit dem Auftrag, die zwei Kühe und vier Ziegen vom Bauern Belmiro nach Altomiro zurückzubringen. Schon lichtete sich das Weidegras auf der Hochebene. Regen hätte den vom Wind angerichteten Schaden wieder gutgemacht, aber nicht ein Tropfen fiel vom Himmel, und unausweichlich trocknete das Gras, der prallen Sonne ausgesetzt, dahin, verdorrte, wurde immer spärlicher und nahm einen aschgrauen Farbton an. Mit Wintereinbruch wurde auch die Milch knapp. Leandro, der die Weidegewohnheiten der Tiere genau kannte, konnte beobachten, wie die letzten Herden von der Hochebene in die Gebiete um Cidrão, um Ribeira da Cruz und Ribeira das Patas wegzogen. Er ließ dem Bauern André noch ausrichten, dass in den trockenen Flusstälern, am Fuß der südlichen Berghänge dünn, aber doch ausreichend Gras für seine Tiere wachse. Der Bauer aber drängte schließlich darauf, unverzüglich mit dem ganzen Vieh von der Hochebene herunterzuziehen.

Unten im Tal arbeitete Leandro einige Tage zusammen mit José Viola, dem Gehilfen vom Bauern André; er half mit, die Umzäunungen zu reparieren, die Gräben zum Bewässern der Maniokpflanzungen auszuheben und die Auffangbecken an den Quellen abzudichten. Als es nichts mehr zu tun gab – schlimme Zeiten, wos sich nicht mehr zu arbeiten lohnt! –, stieg er wieder mit dem räudigen Picaroto auf die Hochebene und zog querfeldein in das menschenleere Land, das verlassener war als je zuvor. Er kehrte in die vertraute Einsamkeit zurück. Dort fühlte er sich in seinem Element.

In einer Höhle hatte er vorsorglich etwas gebratenes Ziegenfleisch, Käse und ein paar Ziegenfelle versteckt. Die alte Ziege besaß er noch, die er an einem langen Strick angebunden hatte. Selbst blind würde er das Versteck mit seinen Habseligkeiten wiederfinden. In der roten Abenddämmerung und gepeitscht vom kalten Nordostwind, der mit dem Winter ins Land zog, machte er sich auf den Weg. Die Kürbisflasche hatte er mit Wasser gefüllt, den Beutel mit zehn Liter Mais und einer Handvoll Salz, dem Arbeitslohn vom Bauern André. Als er die Hochebene erreichte, war es bereits Nacht, eine jener stockfinsteren und rauen Nächte. Gelassen und ganz Herr seiner selbst, als wüsste er, dass ein guter oder böser Engel in den Felsenschluchten über ihn wachte, drang er in die Dunkelheit vor.

Räuber begannen nun, die Gegend unsicher zu machen. In Ziegenfelle gehüllte Gestalten, die die Leute »Maskierte« nannten, griffen die Männer und Frauen an, welche aus den verschiedensten Teilen der Insel kamen und über das weite Land der Hochebene zogen, um andernorts Geschäfte zu machen oder sich mit Lebensmitteln einzudecken. Für gewöhnlich lebten die Maskierten in den hohen Bergen. Man erblickte sie hoch über den Schluchten, auf den unzugänglichen Felsen, dort, wo sonst nur Geier, Raben und Wolken hingelangten. Wie aus dem Nichts tauchten sie plötzlich vor den ahnungslosen Menschen auf und verschwanden so schnell, wie sie gekommen waren; es hieß, sie seien aus dem gleichen Stoff gemacht wie die Felsen und die Stille ringsum.

Irgendwann ging das Gerücht, zwei junge Mädchen seien auf dem Weg von Tarrafal nach Cidrão von einem Maskierten überfallen worden, der sich mit dem Korb des einen Mädchens davongemacht hätte. Beide behaupteten, dass der Mann wie auch der Hund, der ihn begleitete und die gleiche Farbe hatte wie die Erde, direkt vor ihren Augen verschwunden seien wie Geister aus dem Jenseits, und es sei Punkt zwölf Uhr mittags gewesen, die Stunde, in der die Hexen ihr wirres Haar kämmen.

Die Maskierten sind die Plage des Berglandes, so wie es die Diebe in jenen Gegenden sind, in denen man Menschensiedlungen und bewässerte Felder findet. Die zu fangen, ist nicht allzu schwer. Da genügt es, sich ein paar frostige Nächte lang auf die Lauer zu legen, und mit etwas Geduld, einem scharfen, an die Dunkelheit gewöhnten Auge und flinken Beinen, die gut rennen und Hindernisse überwinden, hat man sie schon. Ab und zu fällt einer einem brutalen Bauern in die Hände, der nicht lange fackelt, und wird, fast zum Krüppel geschlagen, wieder laufen gelassen. Die Maskierten aber bekommt man nicht so einfach zu fassen. Ihnen gehören die Berge. Schon von Weitem erspähen sie ihre Opfer; es bleibt ihnen genug Zeit, sich auf den Angriff oder auf die Flucht vorzubereiten. Plötzlich tauchen sie unmittelbar vor ihren Opfern auf und verschwinden dann wieder spurlos. Die Berge geben sie nicht preis.

Die Entscheidung

Manuel Lopes

Mariano blies die Kerze aus und legte sich aufs Bett. »Bist du noch wach?«, fragte er. Neugier und eine Spur Neid trieben ihn zu dieser Frage.

Mané Quim aber wollte nur schlafen. Hier in Porto Novo gingen die Menschen spät ins Bett. Als ob die Nacht nicht zum Schlafen da sei.

»Ja«, antwortete er müde. Die Säcke, auf denen er lag, schienen wie Wellen leicht hin- und herzuschwappen.

»Und, ... was ist, willst du wirklich nach Brasilien? Nimmt der alte Joquinha dich wirklich mit nach Brasilien? Ein gutes Land ... Ich glaubs einfach nicht, du vielleicht?«

Mané Quim war wie benommen. Er fühlte sich, als sei er aus großer Höhe auf die alten Säcke gefallen. Mariano wollte sich mit ihm unterhalten. Mané Quim war schon fast eingeschlafen, wachte aber jetzt wieder auf. Müdigkeit und Schlaflosigkeit begannen in ihm, gegeneinander zu kämpfen. Mariano wollte, dass sein Freund, der nun nach Brasilien gehen würde, etwas sagte. Aber der schwieg. Mariano trällerte vor sich hin: »Ich nehme meinen Doktorhut ab, damit die Leute nicht über mich reden ...«

»Ich würde auch gern alles hinter mir lassen und nach Brasilien gehen. Wenn ich nur könnte!«

Er redete so laut, um den Freund aufzuwecken, falls dieser schliefe. Er hörte Mané Quim seufzen.

»Ich hab dieses Leben satt. Jeder plagt sich ab, und was hat man davon? Dir gehts bestimmt genauso.«

Mané Quim drehte sich auf den Rücken und verschränkte die Arme über der Brust.

»Einmal war ich mit meinen Kumpanen auf halbem Weg nach São Vicente, als von Norden ein italienisches Schiff den Kanal runterkam. Ich wollte ins Meer springen – hörst du mir auch zu? –, um von dem Schiff aus dem Wasser gefischt zu werden. Ich hab zu meinen Kumpanen gesagt: ›Ich will auf das Schiff da vorn. Ihr rudert dann weg, und ich bleib hier und versuche, so Gott will, zu dem Schiff zu schwimmen. Ich will unbedingt nach Südamerika.‹ Ich hatte keine Lust mehr. Ich weiß nicht, ob du schon gemerkt hast, dass man immer dann Entscheidungen trifft, wenn man keine Lust mehr hat. Wer noch Lust am Leben hat, dem gehts gut. Der will nichts ändern. Es war etwas in mir an diesem Tag … Als ob das Schicksal es gut mit mir meinte. Ehrlich, mir war es ernst damit …«

Mané Quim war müde und fühlte sich hilflos und verlassen Mariano gegenüber. Ihn schauderte. Als ob die Säcke, auf denen er lag, sich plötzlich in Wellen des Ozeans verwandelt hätten, die ihn verschlingen wollten. Ob das Glück ist, dachte er, ganz allein auf offenem Meer?

Und er fragte: »Und, bist du wirklich gesprungen? Davon hast du mir nie was erzählt …«

Das Meer flößte ihm Angst ein, es war etwas Furchterregendes. Hier auf den Säcken hörte er die Wellen an die Küste donnern. Wieder schauderte er. Er sah sich mitten auf dem Kanal hilflos mit den Armen rudern und fühlte bereits die Raubfische in seiner Nähe, die schon auf ihn lauerten. Er bewunderte den Mut des Freundes.

»Meine Kumpane haben mir nicht geglaubt«, erklärte Mariano niedergeschlagen. »Sie haben bloß gelacht. Ich hab mich wirklich geärgert an dem Tag, und mir reichte es. Aber sie haben mich bloß ausgelacht, und mir blieb nichts anderes übrig, als mitzulachen. Ich sag dir, wenn sie sich nicht über mich lustig gemacht hätten, dann wär ich wirklich gesprungen. Wenn ein Mann etwas sagt, dann sollte man ihn ernst nehmen. Er braucht nur den Mund aufzumachen, und die andern müssen wissen, dass er es ernst meint. Ein Mann, der es nicht ernst meint, ist kein Mann, sondern ein Kind. Ich sag dir, eines Tages spring ich wirklich und schwimm dann zu dem Schiff. Es wird mich bestimmt aus dem Wasser fischen und mich mitnehmen, weit weg von hier. Oder ich geh nach São Vicente und mach es wie die andern, um von hier wegzukommen. Ich versteck mich im Laderaum eines Kohlentenders. Ich hab einen Freund da, den Jul Antone. Mit dem hab ich schon gesprochen. Eines Tages machen wirs. Ich kann arbeiten. Ich kenn die Arbeit auf einem Schiff. Ein guter Kapitän wird schon Gefallen an mir finden …« Er schwieg einen Moment und fuhr dann in anderem Ton fort: »Du, natürlich, du hasts gut. Du hast einen Onkel, der dich nach Brasilien mitnimmt. Ein gutes Land …«

»Ein gutes Land …«, wiederholte Mané Quim wie ein Echo. Für einige Augenblicke vertrieben Marianos Worte seine Müdigkeit. Das Herz hämmerte in seiner kräftigen Brust, von Gefühlen überwältigt. Das große Meer, ein Schiff, die Einsamkeit – und ganz am Ende der Welt ein großes Land, das sie Brasilien nannten. Größer als São Vicente und Santo Antão zusammen! Ach was! Mehr als zehnmal so groß wie São Vicente und Santo Antão zusammen. Er berechnete die Entfernungen. Und dachte dabei daran, wie er sich bei den Märschen durch unwegsames Gelände die Füße wund laufen würde … Aber sein Onkel hatte ja von Fahrzeugen gesprochen, die sie Straßenbahn nannten. Von Straßenbahnen, Autos, Zügen … Er fühlte eine Art Entsetzen in sich aufsteigen, als er an all das dachte, was auf ihn zukommen würde. Er hatte plötzlich Sehnsucht nach seinem friedlichen Tal, dem einsam gelegenen und ruhigen Haus inmitten der Ebene und nach der Quelle. Sein großer Traum war es, die Quelle zu fassen und das Wasser aus den Felsen sprudeln zu sehen.

In diesem Augenblick brüllte das Meer da draußen wie die Tiere, die er von zu Hause kannte. Dann wieder klang es wie Donner. Die Wellen, die sich an dem Geröll der Küste brachen, waren wie wütende Ochsen, die ununterbrochen mit den Hufen scharrten. Der festgestampfte Boden erzitterte, als ob die Wellen das Haus umreißen wollten, so wie bei einem großen Regen, wenn die Flüsse Geröll mit sich rissen. Das Meer wollte ihn schon vor der Zeit erreichen. Vielleicht war es schon bis ans Fundament des Hauses vorgedrungen und hatte das Haus bereits an die steil abfallende Küste geschwemmt, an den Rand des Abgrunds. Der Wind blies jetzt kräftiger und pfiff durch die Türritzen. Zu Hause, in seinem Tal, blies der Wind anders. Der Mangobaum in der Ebene, der, an dem er und Escolãstica sich immer getroffen hatten, stand hochgewachsen und dicht belaubt unbeweglich da.

Marianos Stimme übertönte den ganzen Lärm: »Das Meer ist aufgewühlt«, sagte er wie zu sich selbst. Und fuhr begeistert fort: »Hör zu! Vor einigen Tagen bin ich auf São Vicente gewesen. Letzte Woche. Ich hab da ein paar Brasilianer gesehen, die von einem Schulschiff kamen. Das lag im Hafen vor Anker. Und einer von denen hat zu mir gesagt: ›Auf dem Friedhof von Rio geht es lustiger zu als hier bei euch, Junge!‹ Na ja, so wie bei denen wird es wohl nicht sein. Deshalb behaupten sie das einfach so unverschämt … Kennst du São Vicente? Ach so, du bist nie da gewesen. Nun, São Vicente ist nicht übel, du wirst es ja sehen. Dort gibts überall Menschen wie hier auf den Feldern im Norden am Andreasfest oder in Porto Novo am Johannisfest. Dort gibts auch Autos und massenhaft Läden und Tausende von Booten an den Kais. Da passt Porto Novo zehnmal rein. Ich fahr immer hin, wenn ich Lust drauf hab. Aber ich muss immer schnell wieder zurück, denn ich hab keinen Passierschein. Der Zollposten da drüben gibt mir keinen mehr, wegen ein paar Sachen, die mir hier passiert sind. Also fahr ich ohne Erlaubnis hin, und zwar so oft, wie ich will … Ohne Passierschein, ohne Geld, einfach so, wie ich jetzt neben dir liege. Du tust gut daran, Ribeira das Patas zu verlassen. Ein Hundeleben, da. Ich hab schon gehört, dass die Arbeit auf dem Land einen arm macht und man trotzdem die Hoffnung nicht aufgeben will. Und wenn gar nichts mehr geht? Wenn auch für Hoffnung kein Platz mehr ist? Befrei dich von dem ganzen Kram. Sieh zu, dass du zu Geld kommst bei deinem Onkel. Wenn du nicht zur rechten Zeit weggegangen wärst, müsstest du hungern bei der Dürre in diesem Jahr. Du hasts gut, dass du einen Onkel hast, der dich mitnimmt, weit weg von all diesem Mist hier.«

Mariano redete wie ein Wasserfall, und Mané Quim konnte ihm nur mit Mühe folgen. Die Worte sprudelten nur so aus seinem Mund. Mané Quim drehte sich der Kopf, und alles blieb verworren und unklar. Die Worte drangen zusammenhanglos an sein Ohr, wie aus dem Grammofon des Gemeindevorstehers von Ribeira das Patas, aus diesem in der ganzen Gegend bekannten trichterförmigen Gerät, das der Gemeindevorsteher immer bei Hochzeiten und Taufen spielte.

»Aber, wie ist das möglich, dass die Feluken dich ohne Passierschein mitnehmen? Der Kapitän der ›Flor do Mar‹ hat zu meinem Onkel gesagt, dass die Polizisten niemand ohne Passierschein an Bord lassen …«

»Ich nehm immer mein eigenes Boot. Wenn das Meer ruhig ist, legen wir uns in die Riemen, und los gehts. Und bei Wind richten wir den Mast auf und setzen das Segel. Dann überqueren wir den Kanal an der breitesten Stelle. Ich übernehm das Steuerruder.«

»Habt ihr denn keine Angst?«

»Wer sich in Gefahr begibt, hält die Augen offen. Und wer die Augen offen hält, der hat keine Angst. Es ist verboten, den Kanal mit dem Boot zu überqueren, auch wenn das Meer ruhig ist. Bei starkem Wind sieht man überall Schaumkronen auf dem Wasser. Der Wind von Ponta de João Ribeiro kann selbst den besten Steuermann täuschen. Es ist schlecht für ein Schiff und seine Mannschaft, wenn der Steuermann nicht aufpasst. Wenn in São Vicente die rote Fahne weht, darf kein Seemann den Hafen verlassen. Aber für uns gilt das nicht. Wer Angst hat, bleibt eben auf seinem Hintern sitzen und stürzt sich nicht in den Rummel. Angst ist nur gut, wenn man aus ihr lernt. Sonst taugt sie nichts.«

»Also, mit euch würde ich nicht fahren«, sagte Mané Quim. »Nur mit einem kleinen Boot auf dem Kanal! Ihr seid ja verrückt!« In diesem Augenblick brach sich donnernd eine Welle an der Felsenküste. Der Boden des Hauses erzitterte. Mariano brach in Gelächter aus:

»Ach was, Angst! Wir haben mehr Angst vor der Polizei und den Zollbeamten«, erklärte er. Er hatte heute Lust zu reden und fuhr ungerührt fort: »Das sind Spielverderber. Die lassen harmlose Leute wie mich nicht bis zum Ende des Festes bleiben. Aber wir sind schlauer als die Polizei und die Zollbeamten.«

»Mit euch könnte ich nicht fahren«, wiederholte Mané Quim.

»Es ist schon gefährlich, ja, das stimmt. Die ruhigen Nächte sind nicht immer die besten. Uns ist der Wind lieber; dann können wir die andern leichter in die Irre führen. Auf direktem Weg sind es neun Meilen. Aber wir nehmen nicht den direkten Weg. Hör zu! Nur der fährt los, der genau weiß, was er tut. Man braucht die Wendigkeit eines Fisches, Ohren, die alles hören, die Augen einer Eule und die Schläue eines alten

Raben. Und Gottvertrauen. Im letzten Jahr kenterte das Boot von Chico Peixinho an der Ostküste von São Vicente; er, zwei seiner Söhne und ein Junge aus Sinagoga sind dabei ums Leben gekommen. Nur Tanha, der jüngste Sohn, konnte sich retten und mit der Strömung nach Santa Luzia schwimmen. Frühmorgens fanden ihn die Hirten halb tot am Strand. Er war dann einige Zeit im Gefängnis. Heute macht er bei uns mit, denn er ist ein tüchtiger Kerl. Das Boot von Chico Peixinho taugte nichts. Es war zu klein und zu schwach gebaut. Unser Boot ist eins der besten. Wer damit fährt, hat nichts zu befürchten. Ich käme damit bis nach Afrika. Und meine Kumpane auch. Wir sind schon tolle Kerle.«

Mariano schwieg beunruhigt. Er hörte auf das Meer. Die Wellen wurden jetzt immer lauter. Der Wind pfiff schneidend durch die Türritzen. Das Haus schien jetzt direkt im Wind zu liegen, der abwechselnd von Süden und Osten zu kommen schien.

»Das Wetter wird unruhiger. Jetzt werden sie wohl gerade beim Leuchtturm von Ponta de João Ribeiro sein. Sie waren ein bisschen zu früh dran. Im Morgengrauen werden sie hier sein. Das sind schon tolle Kerle, meine Kumpane ... Aber mit dem Meer ist jetzt wirklich nicht zu spaßen ...«

Es schien, als spreche Mariano jetzt mit den Elementen, mit dem Meer und mit dem Wind. Oder mit den Kumpanen, denen er sein Boot anvertraut hatte. Einen Augenblick vergaß er Mané Quim und dachte an sie.

Mané Quim blieb ruhig auf den Säcken liegen, die auf dem festgestampften Boden ausgebreitet waren. In der Dunkelheit schloss er die Augen. Plötzlich glaubte er, klar zu sehen. Sein Leben verlief in ruhigen Bahnen, er verdiente seinen Lebensunterhalt mit eigener Hände Arbeit, inmitten von Bergen, weit weg vom Wind und von den Stürmen des Meeres. Nichts dort erinnerte ihn an dieses verrückte Auf und Ab, höchstens, wenn es stark regnete und die Flüsse zu Tal stürzten. Aber das waren Geräusche, die Begeisterung und den Wunsch nach Leben weckten. Sie gaben den Menschen Kraft und Mut. Und jenseits der Berge lag das Meer wie ein blaues Tuch, ruhig und glitzernd. Es hatte nichts Bedrohliches an sich und bedeutete für niemand eine Gefahr. Es erinnerte an eine große umzäunte Weidefläche. Aber hier, so nah … Das Echo der Brandung drang gewaltsam an sein Ohr und ergriff von seinem ganzen Körper Besitz, als ob es in diesem Augenblick nichts anderes auf der Welt gäbe …, wie etwas, das alles andere verdrängte … Er hörte nicht mehr, was Mariano sagte … Die Ratten liefen über ihn hinweg, und er bemerkte es nicht einmal. Sie spielten Versteck um ihn herum, liefen zwischen seinen Beinen durch und quietschten vor Vergnügen. Die Kornwürmer in den Säcken krochen wie Wanzen unter sein Hemd und stachen ihn. Er aber hörte nur die tosenden Wellen, die das Geröll an der Küste umspülten. Roncador, das alte Pferd seines Vaters, kam ihm in den Sinn. Er war noch klein gewesen damals, aber er würde niemals vergessen, wie das Pferd die ganze Nacht um sein Leben gekämpft und dabei mit blutigen Hufen über den gepflasterten Boden der Scheune gescharrt hatte. Das war aber auch die einzige Nacht seines Lebens gewesen, in der er kein Auge zugemacht hatte.

Mariano seufzte: »So geht das Leben langsam dahin. Von irgendwas muss der Mensch ja leben …«

Mané Quim hörte ihn schon nicht mehr. Zwischen den beiden stand eine Mauer. Der Freund redete weiter, aber Mané Quims Aufmerksamkeit war auf etwas anderes gerichtet wie der Trichter des Grammofons des Gemeindevorstehers. Am Ende der langen Reise über das Meer stand ein Land, in dem die Menschen wirklich lebten, ein großes Land, wo es Regen im Überfluss gab und weder Hunger noch Angst herrschten wie hier; ein Land, das viele, viele Male so groß war wie Santo Antão und São Vicente zusammen. Aber da in seinem Tal hatte er seine Leute zurückgelassen, seine Mutter Joja, Jack, Escolãstica und sein Stück Land. Das Heimweh griff mit eiserner Faust nach ihm. Hier auf den Säcken fühlte er sich einsam und traurig. Die Ratten spielten immer noch um ihn herum. Und auch die Müdigkeit ließ nicht nach. Und der Schmuggler redete und redete … Eine Stimme, die von weither kam, aus der Tiefe des Meeres … Der alte Lourencinho flüsterte ihm zu: »Das Auge des Besitzers ist immer der beste Dünger, hörst du? Setz deine Augen ein, deinen ganzen Körper und das Blut, das heiß aus deinem Körper rinnt, und säe alles dicht vor deiner Tür aus, wie jemand, der düngt. Dann wird dein Land fruchtbar werden.« Doch gleich darauf kam Sansão, der alte Gauner, auf seinen krummen Beinen angehüpft und kicherte mit seinem nach Schnaps stinkenden Atem: »Lass das Gras wachsen. Mein Gras bekommen meine Tiere. Meine Kühe und Ziegen geben Butter und Käse. Ich hab keine Geduld dazu, mich mit Knechten rumschlagen zu müssen. Ich hab dazu einfach keine Geduld, ha, ha …« Dabei spuckte er eine kräftige Prise Kautabak auf den Boden. Dann kam der alte João Joana und murmelte in seiner bedächtigen und klugen Art in seinen dichten Schnurrbart hinein, wobei seine Augen wie die einer Katze in der Dunkelheit leuchteten: »Ich geb dir das Geld, ich habs dir doch gesagt. Mit Zinsen zum Freundschaftspreis. Es ist gutes Land. Es muss nur regnen … Und dann Escolãstica, die plötzlich vor ihm stehen blieb und sich dabei ängstlich nach allen Seiten umblickte: »Fährst du doch …?« Er fasste behutsam nach ihr, legte sie ins weiche Gras und wollte sich gerade über ihren jugendlichen Körper beugen, als die Stimme Marianos, die zuerst die Joaninhas zu sein schien, sie erschreckte und in die Dunkelheit zurückstieß: »Befrei dich von dem ganzen Kram. Sieh zu, dass du zu Geld kommst bei deinem Onkel. Du hasts gut, dass du einen Onkel hast, der dich mitnimmt, weit weg von all dem Mist hier.« Dann kam der alte Vital mit ausgestrecktem Arm auf ihn zu: »Eines Tages wirst du mit Gottes Hilfe zurückkehren. Und du wirst dein Land da wiederfinden, wo du es zurückgelassen hast. Du wirst als ein reicher Mann zurückkommen und fast ganz Ribeira das Patas kaufen. Mit Gottes Hilfe.« Und dann wieder Lourencinho, der aufgeregt auf ihn einredete und dabei einen spitzen Stein in die Luft schleuderte: »Wer in die Fremde geht, verliert seine Seele ... Geh mir aus den Augen, verschwinde ... Lump!« Da griff der Onkel ruhig und gelassen in die Unterhaltung ein, strich sich leicht von rechts nach links über die Glatze, wie um die nicht vorhandenen Haare zu kämmen, und sagte: »Alles Quatsch, lass ihn einfach reden. Komm mit mir, Junge! Hier ist es ja nicht zum Aushalten.« – Spukgestalten, die plötzlich aus einer längst vergangenen Zeit wieder auftauchten und sich gnadenlos bekämpften.

Die Stimmen verstummten. Sein Blick ging in die Ferne. Ach, die Berge! Wer würde sie nicht sofort wiedererkennen? Sie reichten sich sozusagen die Hände rund um sein Tal herum. Liebevoll, fast auf eine menschliche Art und Weise, neigten sie sich über die Tiere und Pflanzen im Tal. Sie verteidigten sie und schützten sie vor dem schlechten Wetter da draußen. Oder sie schienen sich zurückzuziehen, um den Kreis zu öffnen und dem endlosen, blauen friedlichen Himmel Einlass zu gewähren, und einer Sonne, die nach einem Regen das Beste war, was es auf dieser Erde gab. Wenn der Regen spät kam, wie in diesem Jahr, dann richteten sich die Berge angstvoll auf, als ob sie vor Schmerzen wüchsen; dann klagten sie und flehten den Himmel um ein paar Tropfen Regen an für die Gräben, die sich um ihren Fuß wanden. Und wenn dann die Wolken mitleidsvoll und mit Gottes Güte beladen herbeieilten, verschwanden sie ganz und wurden von diesen Überbringern der frohen Botschaft, den Sendboten des göttlichen Segens für das geschundene Land, erlöst.

Kein Zweifel, der Wind hatte sich gedreht. Die Wellen spritzten bis an die Tür. Die Brandung schien das Fundament des Hauses zu unterspülen und das Haus zum Einsturz bringen zu wollen. Man hörte, wie sich die Wellen wenige Meter vor der Tür brachen, und bei jedem Stoß erzitterten die Wände. Aus welcher Teufelsecke kam der Wind bloß? Mariano lauschte, um die Richtung ausmachen zu können. Aber der Wind blies nur schwach; die Wellen waren es, die so stürmten. Er hörte Mané Quim schnarchen. Der Kerl schlief wie ein Bär! Dabei war diese Nacht wie eine Vorahnung und nicht zum Schlafen gemacht. Böse Gedanken quälten ihn. Was würde dieser Dummkopf bloß in Brasilien machen? Nur ein Kerl wie er, Mariano, hatte wieder mal nicht das Glück, auch einen solchen verdammten Onkel zu haben, der ihn weit wegbrachte von hier. Er beneidete den Freund. Es war ein böser, zorniger Neid. Ja, wenn er jetzt sterben würde, gerade in diesem Augenblick, dort, auf den Säcken, auf denen er lag. Wenn er bloß sicher sein könnte … Im Ernst, was würde dieser Dummkopf in Brasilien machen? Er, Mariano, würde den alten Joquinha schon überreden, ihn selbst mitzunehmen: »Wenn Sie wollen, geh ich mit Ihnen. Nehmen Sie mich mit nach Brasilien. Ich mach jede Arbeit.« Im Grunde war er ja Mané Quims Freund. Aber in diesem Augenblick wünschte er ihm Böses. Er fühlte sich vom Schicksal benachteiligt, weil es einen anderen als ihn erwählt hatte. Er verdiente das Glück, von hier wegzukommen, denn er taugte schließlich mehr als der andere. Er selbst, Mariano, müsste nach Brasilien gehen. Er wollte dem Jungen ja nichts Böses. Das hatte er ja schon bewiesen. Wirklich, er mochte ihn sogar. Seinetwegen hatte er sich beim Johannisfest mit Tiofe geprügelt. Mané Quim war nicht gerade mutig und ein friedliebender Mensch, der mit niemand Streit suchte. Als

Mariano sah, dass Tiofe seinen Freund herausforderte, gab er ihm einen Stoß und sagte: »Wenn du Streit suchst, dann komm zu mir.« Und alle, die dabei waren, merkten, dass er Mané Quims Freund war. Aber dieser Dummkopf war geboren, um sein Leben in Ribeira das Patas zu verbringen und von Sonnenaufgang bis Sonnenuntergang mit der Hacke zu schuften. Obgleich er guter Herkunft war, wusste er nichts anderes zu tun, als was er tat, und konnte immer nur ein Leben wie das in Ribeira das Patas führen. Brasilien war für Leute anderen Schlags gemacht. »Nehmen Sie mich mit. Ich mach jede Arbeit.« Wieder stellte er sich vor, dass Mané Quim tot auf den Säcken läge. Wenn er sicher sein könnte, wenn er nur sicher sein könnte …

Unruhig drehte er sich auf dem mit Segeltuch bespannten Feldbett von einer Seite auf die andere, ohne den Wunsch nach Schlaf zu verspüren. Eine schreckliche Schlaflosigkeit machte sich in seinem Kopf breit und ließ ihn wie einen Ballon anschwellen. Sein Leben war ein täglicher Kampf mit dem Meer. Er liebte das Meer und alles, was dahinter lag. Aber es war das weite Meer, das er liebte. Weg von hier, an Bord irgendeines Schiffes – eins von diesen Schiffen, die so durch die Welt fuhren –, einfach so auf gut Glück, in aller Ruhe eine gut riechende Pfeife rauchen, sich von Zeit zu Zeit einen Happen in den Mund schieben, bäuchlings auf dem Deck liegen, träumen und dem monotonen Dröhnen der Schiffsmotoren zuhören, die das Schiff vorwärtstreiben. Seinen Fuß in ein unbekanntes Land setzen und die Jackentaschen voller Dollars, Bier trinken und schlanke, blonde, grell geschminkte Frauen lieben … Ja, davon träumte er. Alles andere war nicht weiter wichtig und würde sich schon ergeben …

Sein Leben war eintönig. Er kam einfach nicht aus dem Schlamassel heraus. Vor zwei Tagen war er nachts mit zwanzig Flaschen Schnaps und vier blinden Passagieren nach São

Vicente gefahren. Er war dieses Leben satt, dieses öde Leben, das nichts einbrachte. Von seiner Plackerei profitierten ja doch nur die Händler. Er und seine Kumpane arbeiteten immer nur für andere. Ihnen blieb nur das Gefängnis, wenn sie erwischt wurden. Manchmal mussten sie um ganz São Vicente herumfahren, um die Wachtposten in die Irre zu führen, und verbrachten den ganzen Tag damit, wie Diebe oder Mörder versteckt in irgendeiner Höhle zu hocken. Oder der Zuckerrohrschnaps wurde beschlagnahmt, und sie selber wurden eingesperrt. Dann mussten sie einige Tage Gefängnis in Kauf nehmen, während die eigentlichen Übeltäter sorglos in ihren Betten lagen. Die ließen sich natürlich auf nichts ein: »Du bist ja verrückt, Junge! Ich gehe doch nicht in die Höhle des Löwen.«

Der Gewinn war nur für die, die sich nicht in die Höhle des Löwen begaben.

Der Freund schlief immer noch fest. Er wollte mit ihm reden, ihm Fragen stellen, wissen, was er dachte, ganz einfach seine Stimme hören. Die Stimme dieses Jungen, der weggehen und vielleicht – wer weiß? – eines Tages so reich wie Joquinha zurückkommen würde. Das wäre dann so, als könnte er teilhaben an seinen Abenteuern und seinem Glück. Aber der Freund schnarchte bloß laut auf den Säcken dort, genauso wie ein Tier, das nicht weiß, wohin es von seinem Besitzer gebracht wird. Ach, das Glück war schon ungerecht verteilt. Immer trifft es den, der es nicht verdient. Er verspürte einen üblen, fast schwindelerregenden Geschmack im Mund. Dies dumme Pack vom Land! Diese ungehobelten Bauern! Die konnten sich ja nicht mal unterhalten. Mit niemand. Wenn die Nacht hereinbrach, dann waren sie verschlossener als eine verriegelte Tür. Solche Leute können einem reichen Onkel nichts nützen, nirgendwo in der Welt. Mariano grübelte vor sich hin. Das Glück seines Freundes machte ihn unglücklich. Die

Gegenwart dieses Glückspilzes da, nur zwei Schritte von ihm entfernt, ließ ihm seine Einsamkeit, sein Elend und sein Unglück noch größer erscheinen. Wenn jemand genau in diesem Augenblick den Jungen mit dem Messer niederstechen würde, wäre er zufrieden. Aber er hatte Mitleid mit dem Freund … Nicht mit dem Messer, nein.

Lieber eine gefährliche Krankheit, die die Pläne des Onkels durchkreuzte, eine Krankheit, die den Jungen für ihn nutzlos machte. Die ihn für lange Zeit ans Bett fesselte, bis der Onkel die Geduld verlor und ohne ihn fuhr. Und dafür ihn, Mariano, aufforderte: »Komm du mit mir, wenn du willst.« Dieses raue Leben, immer an der Küste entlang, als Fährmann, Fischer, Schmuggler aufgeben; die Stürme auf dem Kanal, die Hungersnot hinter sich lassen, überhaupt dieses ganze Leben zwischen Geröll und aufgescheuchten Krebsen, das sich immer nur zwischen Anlegestelle und Feluke abspielte, und das alles nur für einige in die Kleidung eingenähte Münzen. So verging ein Jahr ums andere. Und ohne, dass er jemals Geld hatte. Und nichts, so gar nichts tun können. Das war es, was ihn so verdross. Das eintönige Leben aufgeben. Irgendwo in einem fremden Land ein besseres Leben suchen, und es sich gleichzeitig gut gehen lassen in jenem von Gott geschaffenen Land. »Auf dem Friedhof von Rio geht es lustiger zu als hier bei euch, Junge!« Gute Anzüge tragen, Samba tanzen, Gitarre spielen, brasilianisch reden. Er fühlte ein starkes Verlangen danach, mit einem Satz aufzuspringen und ein Verbrechen zu begehen. Sein Schicksal in diesem Augenblick selbst in die Hand zu nehmen, auf Biegen oder Brechen. Aber er blieb wie gelähmt auf dem mit Segeltuch bespannten Feldbett liegen – voller Angst und Beklemmung. Und das Bett knarrte bei jedem seiner Herzschläge.

Der Erstgeborene

Gabriel Mariano

Papa nannte mich immer »seinen Erstgeborenen«. Und ich freute mich und lachte, als hätte man mir einen neuen Kosenamen gegeben.

Aber einmal, da freute ich mich noch viel mehr, und davon will ich jetzt erzählen.

Damals lebten wir alle auf São Nicolau. Na ja, alle, das sagt sich eben so … Papa nämlich nicht. Als Staatsangestellter war er mal auf dieser, mal auf jener Insel, und wir konnten nicht jedes Mal mit ihm gehen. Ihr versteht: Wer wenig verdient, kann nicht immer die ganze Familie mitschleppen … Es ist doch immer das Gleiche: Ein Mann heiratet, um eine Familie zu gründen, und kaum hat er eine, kann er nicht mit ihr zusammenleben. Na ja … so ist das eben. Damals lebten wir auf São Nicolau und Papa in Praia auf Santiago. Unser Häuschen war in Estãncia-de-Baixo, direkt neben dem Haus von Nho Pedro Piedade, der vor vielen Jahren nach Amerika gegangen war. Im ersten Stock war rundherum ein Balkon, und unten war das Geschäft, wo Holz und andere Dinge aufbewahrt wurden. Neben der Küche war der Wohnraum und am Ende des Hofes der Schweinestall.

Dann, eines Tages, Mama sah gerade dem Schwein zu, wie es sein Futter hinunterschlang, kam Nha Marê-Fina mit einem Telegramm: Papa würde kommen und einen Monat bleiben … Nha Marê-Fina arbeitete bei der Post. Sie hatte eine Tochter, Lizabete, mit der ich oft in Ribeira da Passagem spielte.

Als sie mit dem Telegramm in der Hand kam, bekam Mama einen Riesenschreck. Das bekommt sie immer, wenn ein Telegramm kommt. Mama wollte es nicht öffnen. Sie rief Antonha Fodja, unser altes Dienstmädchen: »Nha Antonha, mach du es auf …« – Nha Antonha öffnete das Telegramm. »Nha Antonha, lies du …« – Nha Antonha las. »… wenn es eine schlechte Nachricht ist, sags schnell …« – Aber es war nichts Schlimmes.

Im Gegenteil, sogar etwas Gutes. Mama beschloss, wir müssten Papa einen schönen Empfang bereiten. Ich wollte das Telegramm lesen, um Papas Schrift wiederzuerkennen. Alle lachten …

»Aber, Junge, … Ein Telegramm ist doch kein Brief.«

Das verstand ich nicht. War es etwa nicht Papa? Stand sein Name nicht auf dem Telegramm? Doch, natürlich stand er da … Aber ein Telegramm ist eben kein Brief …

Mama sagte, dass ich Papa vom Schiff abholen sollte. Und abends, als Onkel Antoninho kam (Onkel Antoninho kam jeden Abend, um seinen Schnaps zu trinken), erzählte Mama ihm die Neuigkeit. Aber dafür brauchte ich einen guten Anzug, einen aus zweiter Hand natürlich.

Am nächsten Tag gingen wir zu Pedro Veríssimo, um Stoff zu kaufen. Ich suchte den Stoff aus. Und Mama nähte mir daraus auf ihrer Singer-Nähmaschine einen Anzug mit langen Hosen. Ich wollte ihn gleich am Sonntag einweihen. Aber Mama verbot es: »Du darfst ihn erst tragen, wenn Papa kommt.« Der große Tag kam heran.

Ich ritt auf einem zahmen Esel, der Nho Xim von der Post, einem Freund meines Vaters, gehörte, zum Hafen hinunter. Mama bat Cesário Maneta (einen Freund und Diener meines Großvaters), mich zu begleiten. Ich war – großes Ehrenwort –

richtig schick in meinem Anzug … Und erst mit meinem neuen goldenen Gürtel und meiner braunen Baskenmütze.

Der brave Esel lief wie der Wind nach Preguiça. Und Cesário Maneta hielt die Zügel fest, damit ich nicht runterfiel. Ich war schließlich noch ein Kind, das werdet ihr verstehen … Vor Sonnenaufgang erreichten wir den Monte Vidéu.

»Cesário, da, siehst du?«

Da unten lag im alten Hafen die »Infante Dom Henrique«. Damals war es noch die »Infante Dom Henrique«, die zwischen den Inseln verkehrte, ich weiß nicht, ob ihr euch noch daran erinnert. Manchmal sieht das Meer wie ein grau gestreiftes, verknittertes Handtuch aus. Aber zu dieser frühen Stunde war es wie ein sanfter, weiter Fluss.

Cesário sagte: »Dein Vater ist auf dem Schiff, mein Junge … da, auf diesem Eisenschiff.«

Ich stellte mir Papa in seinem weißen Leinenanzug und mit seinem Strohhut vor. Das trug er auf dem Foto im Esszimmer. Nein, keine Zigarette, Papa rauchte nicht … Dann dachte ich daran, was er uns mitbringen würde. Kokosplätzchen, Rohrzucker … Ich liebte Rohrzucker. Aber man konnte nicht viel davon essen. »Das ist nichts zum Hinunterschlingen.« Er hatte bestimmt zwei volle Taschen mit Mitbringseln für uns.

In Preguiça gingen wir erst kurz zu Nha Bita, um sie von Mama zu grüßen. Wir blieben gerade so lange, um einen Teller Catchupa mit Wurststückchen und Spiegelei zu essen. Ich wollte aber nicht. Ich aß nur zwei Honigplätzchen. Cesário dagegen verschlang sein Essen, meins noch dazu und schüttete auch noch Grogue in sich hinein.

»Das reinigt die Kehle, Junge …«

Er hat immer eine Ausrede, dieser Kerl.

Nha Bita bürstete meinen Anzug ab, sprühte mich mit Parfüm ein und kämmte mich. Dann stieg ich mit Nho Matias am Zoll ins Boot. Das Meer war ganz ruhig, wie ein gerade geborenes Kalb. Nho Matias, in seinem blauen Matrosenanzug, kaute Kautabak und spuckte das braune Zeug auf die Erde. Ich war gern in seiner Nähe, denn ich mochte den Geruch nach Schnaps und Tabak. Der Bug der Schaluppe pflügte messerscharf durch das Wasser.

»Da ist die ›Ribeira-Brava‹ gekentert ...« – Nho Matias zeigte mit dem Kinn in die Richtung.

»Wo?«

»Da, ... siehst du nicht?«

»Nein.«

»Dahinten, da bei dem weißen Sand!«

»Ja, jetzt sehe ich es ... Wie ist das passiert, Nho Matias?«

»Es war das Meer.«

»Das Meer?«

»Ja, das Meer und der Wind.«

Das Meer und der Wind! Manchmal ist das Meer schlimmer als ein wilder Ochse. Ach was, Ochse. Ein durchgegangenes Pferd. Wenn das Meer verrücktspielt, dann ist man machtlos. Es bäumt sich auf, wirft sich herum, bricht sich an den Felsen und reißt Muscheln und Schnecken mit sich.

»Ist das wahr, Nho Matias?«

»Genau so wie ich es gesagt habe, Junge ...« Aber auch, wenn es ganz sanft ist ..., einfach nur sanft. Sanft liegt es dir zu Füßen. »Hast du noch nie eine Bruthenne gesehen? Oder wenn nicht, eine hochschwangere Frau?«

»Doch, Nho Matias.«

»Genau so ist das ...«

»Genau so?!«

»Genau so, Junge.«

»So wie eine hochschwangere Frau?«

»... eine hochschwangere Frau, Junge.«

»Ganz genau so, Nho Matias?«

»Ganz genau so, Junge.«

Ich musste lachen. Aber ich wurde gleich wieder ernst. Das Meer muss man ernst nehmen. Wenn es verrücktspielt, dann ist man machtlos. Es bäumt sich auf, wirft sich herum, bricht sich an den Felsen und reißt Muscheln und Schnecken mit sich. Ja, so und nicht anders.

Die Schaluppe bewegte sich nicht mehr, und die Ruder hörten auf zu schlagen. Und ich hüpfte flink wie ein junges Zicklein die Stufen hinab und sprang an Deck. Da stand Papa, er hatte mich schon gesehen. Papa hatte weder weiße Haare noch einen alten Anzug an. Papa war schön, schön wie ein König.

Ich lief hin zu ihm. Papa lachte mich an, breitete die Arme weit aus und beugte sich vor, um mich aufzufangen. Noch ein Satz, und ich hing an seinem Hals. Dann richtete er sich wieder auf; ich hatte mein Gesicht an ihn geschmiegt, sein Gesicht war mir zugewandt, und er sah mich an, als ob ich das Einzige auf der Welt wäre.

Ich würde gern erzählen, was Papa zu mir gesagt hat, aber ich erinnere mich nicht mehr daran. Papa fragte, ob es Mama gut ginge, ob es Dani und Dante gut ginge (Bebela war damals noch nicht auf der Welt), und ich antwortete nur immer: »Ja, Papa. Ja …«

Papa sah auf die ganzen Leute, die um uns herumstanden (unter anderem ein schwarzhaariges Mädchen, mit fleckigen Beinen und ganz großen Augen), er sah auf all die Leute (ich hatte meine Hände um seinen Hals gelegt), er sah in die Runde (ich drückte meinen Kopf an seine Schulter), er sah eine ganze Weile auf die Leute und sagte dann: »Mein Erstgeborener!«

Papa war schön! So schön wie ein König.

Glaubt ihr mir etwa nicht?

Die Geschichte von Onkel Afonso

Mario da Silva Matos

Onkel Afonso ist ein Mann, der am Anfang seines Lebens großes Glück hatte. Er studierte die Kunst des Seefahrens, und als er schon genügend Kenntnisse erworben hatte, gab sein Herr, der König, ihm ein großes, anständig ausgerüstetes Schiff und schickte ihn in die Welt hinaus, um neue Länder und neue Menschen zu suchen, den Glauben zu verbreiten und das Reich zu vergrößern. Und so kam es, dass Onkel Afonso eines schönen Tages im Januar die Insel entdeckte. Zum Glück oder Unglück fand er sie öd und leer. Keine Spur von Menschen, Häusern oder Tieren! Er verweilte eine Zeit lang auf der Insel und erfreute sich ihres guten Klimas. Zwei Dinge aber missfielen ihm: Es gab dort keine Frauen, und das Wasser war ziemlich brackig. Dafür war das Meer in der weitläufigen Bucht, in der er Anker geworfen hatte, ruhig und reich an Fischen und vor allem an Krustentieren und Meeresfrüchten, zur Lust und Wonne von Onkel Afonso und seiner rastlosen Mannschaft. Solange der gute Wein reichte, den er aus dem Land seines Herrn, des Königs, mitgebracht hatte und mit dem er und seine Leute die üppigen Mahle begossen, bei denen sie das köstliche Seegetier verspeisten, trübte nichts das Leben, das sie dort führten. Sie erkundeten die gesamte Insel, entdeckten jedoch nicht eine einzige Wasserquelle, die etwas getaugt hätte. Sämtliches Wasser war und blieb brackig, was, als der Wein knapp zu werden begann, einen recht abträglichen Umstand darstellte. So kehrte Onkel Afonso, nachdem er im Bordbuch sorgfältig das Auffinden der Insel, wie es heute so schön heißt, vermerkt und sie für die Krone seines Herrn, des Königs, beansprucht hatte, dorthin zurück, von wo er aufgebrochen war. Dort angekommen, überbrachte er die frohe Botschaft seinem Herrn, dem König, der vor Freude jubelte, umso mehr, als er von seinen Seefahrern die Nachricht erhalten hatte, dass sie in jener Gegend noch weitere Inseln gefunden hätten, und zwar die nicht zu verachtende Gruppe von zehn Schwesterinseln. Eine Zahl, die die Entwicklung der Bevölkerung auf allen Inseln stark beeinflussen sollte, insbesondere die der Nachkommenschaft der Familien, die diese Zahl normalerweise erreichte oder sogar überstieg. Aber wir hatten gerade berichtet, dass Onkel Afonso, zurückgekehrt in die Lande seines Herrn, des Königs, sich in neue Abenteuer stürzte und seine Insel vergaß, die viele Jahre lang verwaist lag und lediglich den bisweilen an ihr vorbeisegelnden Piraten als Versteck und danach zur Zucht von Ziegen und Eseln diente. Sehr viel später beschloss sein Herr, der König, die Insel endgültig mit Mensch und Gerät in Besitz zu nehmen, damit sie gebührend erschlossen werde, was mit bedingtem Erfolg auch geschah. Mit der Erfindung der Dampfmaschine brachen auf der Insel dann andere Zeiten an, sie wurde bekannt und wichtig und war nunmehr auf den Atlanten sämtlicher Länder dieser Welt verzeichnet. Die schöne Bucht der Insel wurde zum obligatorischen Anlaufpunkt der Segel- und Dampfschiffe, die den Atlantik von Nord nach Süd und von Süd nach Nord befuhren. Böse Zungen behaupten, »Aufschneider« hätten die Insel gar als »Nabel der Welt« bezeichnet, aber die Brasilianer, die den Inselbewohnern vom Wesen her eng verwandt sind, haben sie »Arsch der Welt« getauft. Bis ein besonders neugieriger der vielen brasilianischen Kapitäne, die die Insel in ihrer Hochzeit anliefen, beim Anblick eines gelben Hauses, das auf einem der Hügel, die die Bucht säumen, errichtet worden war und das damals pompös Fortim do Senhor Seu Rei, Festung seines Herrn, des Königs, hieß, fragte, was das für ein Haus sei. Jemand erklärte ihm, es sei das Gefängnis. Gefängnis?, fragte der Kapitän. Wozu ein Gefängnis, wo doch die Insel an sich schon ein Gefängnis ist! So sind die Leute. An Spitzzüngigkeit mangelt es ihnen nicht. Eine Unverschämtheit!

Doch zurück zu Onkel Afonso. Im Land seines Herrn, des Königs, gründete er eine große Familie, die mit den Jahren um Kinder und Kindeskinder, Urenkel und Ururenkel und so fort wuchs. Unterdessen hatten auf der Insel die Repräsentanten seines Herrn, des Königs, beschlossen, Onkel Afonso zu ehren, und baten darum, man möge ihn zurückschicken. Also holte man ihn, wusch ihn, stutzte ihm Bart und Kopfhaar, salbte ihn, kleidete ihn in seine prächtigsten und schönsten Kleider, polierte seine alte Rüstung auf Hochglanz, verfrachtete ihn in ein Schiff, nunmehr ein motorenbetriebenes, da die Segelschiffe aus der Mode gekommen waren, und brachte ihn auf die Insel zurück. Unter großem Beifall ging er an Land; es war vereinbart worden, dass er nahe am Meer wohnen solle, in einer Heimstatt, errichtet auf einem waschechten Sockel von solidem Stein, der aus den Landen seines Herrn, des Königs, herbeigeschafft worden war. An dem Tag, an dem die Wohnstatt fertig wäre, sollte es ein rauschendes Fest geben.

Und so geschah es. Gleich in der Früh zog die Musikkapelle der Insel aus und spielte Märsche und Lieder, die gerade in Mode waren. Feuerwerksraketen aller Art wurden in die Luft gejagt, die Töchter und Söhne der Insel gingen scharenweise in ihrem Sonntagsstaat auf die Straße, die Damen und jungen Mädchen holten ihre besten Kleider und ihren teuersten Schmuck aus Truhen und Schränken, und alle begaben sich unmittelbar in die Nähe der Stätte, wo Onkel Afonso künftig wohnen sollte. Eine passende Ehrung, war er doch der Erste gewesen, der einen Fuß auf die Insel gesetzt hatte. So war es nur gerecht, dass dieser große Mann für immer und in allen Ehren und mit allem Ansehen dort residierte und die vergesslichen und undankbaren Leute von heute daran erinnerte, was er viele Jahre zuvor vollbracht hatte. Die Töchter und Söhne der Insel und die Paare aus den Landen seines Herrn, des Königs, versammelten sich allesamt sehr feierlich und artig bei Musik, Feuerwerk und der überbordenden Fröhlichkeit des zahlreich erschienenen Volkes an dem gebührend bunt geschmückten Ort.

Onkel Afonso befand sich bereits auf seinem Sockel und harrte seiner Einweihung. Der offizielle Vertreter seines Herrn, des Königs, hielt, umringt von den herausragendsten Persönlichkeiten der Gesellschaft, eine brillante und patriotische Rede, an deren Ende ihm kräftig applaudiert wurde. Zuvor hatte ein hübsches Mädchen aus der großen Schule, die sein Herr, der König, auf der Insel hatte errichten lassen, ein sehr hübsches Gedicht eines angesehenen Dichters aufgesagt, was alle Anwesenden bewegt und vielen guten und selbst den schlechten Menschen die Tränen in die Augen getrieben hatte. Das Einweihungsband wurde von einem stattlichen hohen Offizier der Flotte seines Herrn, des Königs, durchtrennt. Dann gab es weiteren, sehr lebhaften Applaus und weitere Feuerwerksraketen, und die Musikkapelle stimmte einen schwungvollen Marsch an. Der Tag war ein offizieller Feiertag auf der Insel, was den Nachtschwärmern gestattete, zu Hause zu bleiben und genüsslich ein Schläfchen zu halten. Aber ... wenn bloß nicht das ewige Aber gewesen wäre. Es gibt nichts, was keinen Haken hätte. Wo hatte man Onkel Afonsos Wohnstätte erbaut? Man mag es kaum glauben! Entgegen Onkel Afonsos innigstem, nebenbei bemerkt höchst gerechtfertigtem Wunsch, hatte man die Wohnstatt neben einem völlig versalzenen, früher als Saline bekannten Ort vor einer hässlichen, löchrigen, ockergelb gestrichenen Mauer errichtet. Onkel Afonso hatte damit gerechnet, dass seine Behausung zumindest, sagen wir einmal, auf einem Platz mit einer hübschen, zum Meer zeigenden Grünanlage erbaut werden würde oder schlimmstenfalls gegenüber vom Strand, wo die Fischer ihre Boote festmachen, direkt neben dem Turm, der an die großen Taten von Onkel Afonso und seinesgleichen erinnern sollte.

Die überwiegende Mehrheit der Menschen von heute aber ist gefühllos und egoistisch, abgesehen von der Undankbarkeit, die sie all denen gegenüber bekunden, die ihnen doch nur Gutes getan haben. In einer Quarantäne, die vier mal fünf Jahre währte, stand Onkel Afonso dort alleine vor der verdammten Mauer herum. Dann, als all diese vielen Jahre vergangen waren, errangen die besten Söhne der Insel, die sich seit langer Zeit im Krieg gegen die Truppen seines Herrn, des Königs, befunden hatten, einen durchschlagenden Sieg, erlangten die Volljährigkeit, wurden endgültig mündig und beschlossen ganz spontan, auf eigenen Füßen zu stehen und mit ihrem eigenen Kopf denken zu wollen. Sie verkündeten ein Neues Reich im Zeichen der Gleichheit aller Einwohner, Männlein wie Weiblein. Wegen ihrer geringen Erfahrung in der Führung von Menschen begingen sie im neu gegründeten Reich Fehler, für die sie später hohe Zinsen zahlen sollten.

Einer dieser Fehler war es, manche Söhne seines Herrn, des Königs, die sich mit der gebührenden Verbeugung das historische Recht erkämpft hatten, im Neuen Reich bleiben zu dürfen, für das sie in der Vergangenheit das Beste an Kraft, Hingabe und Sachverstand hingegeben hatten, ins Exil zu verbannen. Einer, der dieses für Unbedarfte typische, gewissermaßen in Abwesenheit abgehaltene Scherbengericht am eigenen Leib zu spüren bekam, war Onkel Afonso, der sich plötzlich und ohne Räumungsbefehl von seiner Wohnstatt vertrieben und an Händen und Füßen gebunden in einen riesigen, verlassenen Garten befördert sah, wo er nur deshalb nicht verrottete, weil er eine eiserne Gesundheit und Kleider aus allerfestestem Gewebe besaß. In diesem riesigen, verlassenen Garten verbrachte er gemeinsam mit anderen bedauernswerten Kameraden seines Schlages weitere zehn Jahre einsam und verlassen bei Sonne, Wind und Wetter. Doch die Welt ist, wie sie ist. Sie dreht und verändert sich ohne Unterlass so lange, bis sie wieder am Ausgangspunkt angelangt ist. Alles Neue veraltet, und alles Alte wird wieder neu. Das ist der ewige Lauf der Dinge, den die Menschen meist nicht verstehen oder nicht verstehen wollen. Da die Zeiten sich immer stärker änderten und die besten Söhne und Töchter sahen, wie sich die Dinge von Tag zu Tag verschlimmerten, beschlossen sie, Onkel Afonso aus dem Exil zurückzuholen. Sie trugen ihn auf die Straße, wuschen ihn, polierten ihn auf Hochglanz, zogen ihm neue Kleider an, es gab neuerlich Musik, Feuerwerk, Reden, Belobigungen, kurz gesagt, alles war haargenau so wie damals. Eben die besagten Veränderungen, die die Welt durchmacht. Onkel Afonsos Wohnstätte wurde hergerichtet, abgeschrubbt, angemalt, verjüngt, und eines schönen, sonnigen Tages kehrte Onkel Afonso mit dem schon beschriebenen Tamtam in Gegenwart der vornehmsten Töchter und Söhne der Insel und der Vertreter seines Herrn, des Königs, in seine alte Behausung heim.

Aber welch ein Pech!

Oh, großer, bitterer Kummer! Onkel Afonsos Quarantäne dauerte fort, und er musste, gewiss älter zwar, aber stets imposant, von der Höhe seiner Wohnstatt auf dem steinernen Sockel aus den Landen seines Herrn, des Königs, auf die alte, löchrige ockergelbe Wand wenige Schritte vor seiner majestätischen Gestalt blicken. Dies wurde noch dadurch erschwert, dass er sich nunmehr von allen Seiten von einer Heerschar lärmender Verkäufer umzingelt sah, die ohne den mindesten Respekt die übelsten Schimpfwörter riefen, einander beleidigten, alles ringsum beschmutzten. Kurzum: eine echte Katastrophe. Inmitten dieses ganzen Durcheinanders tauchte plötzlich ein neuer Prophet auf der Insel auf. Er befand, Onkel Afonso seien schwere Kränkung und große Missachtung widerfahren. Diskret ließ er Onkel Afonso eine neue Heimstatt an der Praia dos Pescadores, dem Fischerstrand, errichten. Eines schönen Tages wurde Onkel Afonso ohne weitere Umstände und ohne großes Tamtam unter dem Palaver der Fischer und ihren Diskussionen um die endlosen Partien Briscola in sein neues Quartier gleich nebenan umgesiedelt, mit dem Rauschen der Wellen am Sandstrand und den Booten und Schiffen in der Ferne, mit allem, was Onkel Afonso sich immer gewünscht hatte und was nun Wirklichkeit geworden war. Onkel Afonso ist jetzt wieder ein glücklicher Mann, der seine Tage in der behaglich schlampigen Untätigkeit der schönen Bucht verlebt und endgültig die Menschen vergisst, die, ob Könige, Diktatoren oder Propheten, stets gefühllos, selbstsüchtig und undankbar waren.

wegen der dort herrschenden Prostitution ein überaus betriebsamer Ort. Es gab stets irgendeinen Fremdenführer, der, nachdem er diesen oder jenen – für gewöhnlich betrunkenen und ausgeraubten – Ausländer zum Kai zurückbegleitet hatte, nach Lombo heimkehrte, um seinen Gewinn mit seiner Liebsten zu teilen, die den Ausländer zuvor in ihrem gemieteten Bett empfangen hatte. Außerdem gab es Gruppen von Falschspielern, die sich allnächtlich dort niederließen und versuchten, mit dem Geld der andern noch mehr Geld zu machen. Ab und zu kam Capitcha auf ein Zeichen von Beta oder Puduca mit einer Flasche Grogue und einem ziemlich verschmierten Glas vorbei, aus dem jeder das ihm zustehende Quantum herunterkippte.

Diese Art des Trinkens hatten sie sich bei den Darstellern der Cowboyfilme abgeschaut, die mit mathematischer Genauigkeit Woche für Woche im Eden-Park-Kino gezeigt wurden. Der von Spucke und angesammeltem Staub schmutzige, übel riechende Boden, bevorzugter Aschenbecher aller Raucher, war übersät von Zigarettenkippen. An sämtlichen Zigarettenstummeln wurde so lange gesaugt, bis man sich die Lippen verbrannte. Wenn es keine Zigaretten gab, was häufig der Fall war, wanderte eine einzige Zigarette von Hand zu Hand, und so rauchten alle ganz unbefangen; jeder nahm einen tiefen Zug, der für einen Moment seinen Nikotinhunger stillte.

Pitrinha kam der ständige Husten, von dem ihm nicht nur die Kehle, sondern auch der Rücken schmerzte, ein Schmerz, der seine schmale Brust wie ein Band umgürtete, seit einiger Zeit verdächtig vor. So lehnte er die Kippen, die ihm gereicht wurden, dankend ab, und um bei seinen Freunden kein Misstrauen und einen schlechten Eindruck zu erwecken, holte er aus der Tiefe der Tasche seines ausgefransten Hemdes, an dem auch schon ein Knopf fehlte, einen Stummel, den er anzündete und der bei ihm sogleich, wenn er den Rauch einatmete, einen Hustenanfall auslöste, der nur durch einen anständigen Schluck Grogue zu beruhigen war.

In dieser Nacht ging es Pitrinha nicht sonderlich gut. Es schien, als habe sich in letzter Zeit alles gegen ihn verschworen. Er hatte Fieber und Kopfweh, sein Rücken schmerzte, er fand nicht so oft Arbeit, wie er es sich wünschte, und obendrein hatte ihn das Glück im Spiel offenbar verlassen. Nach über drei Stunden war nur noch ein kleiner Rest von dem wenigen Geld übrig, das er durch den Verkauf von zwei Metallbrettern eingenommen hatte, die er vom letzten Kohlendampfer mitgebracht und im Garten von Mã-Zépas Haus für einen eventuellen Notfall aufbewahrt hatte. Die Spielsucht war stärker gewesen, er hatte die Bretter in Nhosos Laden in der Rua Sá da Bandeira verkauft und war in die Kneipe zu Capitcha gegangen, um sein mageres Kapital mit Sieben-und-Neun womöglich zu vermehren. Das Glück war ihm nicht hold gewesen. In der Gewissheit, dass er dort ebenso abgebrannt hinausgehen würde, wie er es vor dem Verkauf der Bretter gewesen war, beschloss er, das noch verbliebene Geld zu riskieren, und zwar alles auf einmal. Als die Karten gegeben waren, sah er, dass er ein Herzass und eine Kreuzsieben hatte. Er blickte seine Mitspieler an, von denen aber keiner eine Neun hinlegte, was ein gutes Zeichen war.

»Auf gehts«, sagte er. »Wer will?«

Fefa, Piduca und Djô de Beta verlangten jeder eine Karte. Die beiden ersten passten, und Djô de Beta sagte: »Los, Pitrinha, nun zeig schon deine acht her.«

»Woher weißt du, dass ich acht habe? Ja, ich habe acht, und du?«

Mit dem spitzbübischen Blick, den Djô de Beta immer beim Spielen aufsetzte, erledigte er Pitrinha endgültig, indem er ihm eine Karofünf, ein Pikass und eine Kreuzdrei hinhielt: »Neun, du hast Pech. Das Spiel ist aus.«

Und so sah sich Pitrinha gegen zwei Uhr morgens an jenem unglückseligen Sonntag, an dem bald die Sonne hinter dem Monte Verde zum Vorschein kommen würde, gezwungen, den Weg nach Hause einzuschlagen, enttäuscht und entmutigt von der Vorstellung, sich einen weiteren Sonntag lang das Gejammer von Mã-Zépa anhören zu müssen, die infolge des Alters und der Schindereien eines harten und unbarmherzigen Lebens wegen allem und jedem meckerte. Als er auf die Straße hinaustrat, spürte er, wie ihm eine leichte Kälte den Rücken hochkroch. Er lehnte sich an die Ecke von Capitchas Haus und entleerte dort seine Blase, die ihn von der Anspannung beim Spiel drückte, was er jedoch erst jetzt bemerkte.

Mein Gott, was für ein Leben! Nossa Senhora da Luz, unsere liebe Frau des Lichts, würde ihm schon ein Signal senden, damit er aus dieser engen, dunklen und endlosen Sackgasse herausfand. Auf dem Heimweg überlegte er, wie er seine Mutter überlisten und ihr ein paar Münzen abluchsen könnte, um etwas Tabak zu kaufen. Ab und an, wenn er es sich erlauben konnte, nahm er seine kleine – normalerweise leere – Blechdose, die in guten Zeiten zwanzig goldene, wohlriechende englische Virginia-Zigaretten enthielt, ging in Freitas Kneipe und ließ sie sich mit einem halben Päckchen Tabak aus der Tabakfabrik Samaritana, einem Dutzend Blatt Zig-Zig-Zigarettenpapier und einem weiteren Dutzend Wachsstreichhölzern füllen. Und nachdem er sich nach seiner ganz eigenen Methode mit Daumen und Zeigefinger beider Hände eine Zigarette gedreht hatte, genoss er es, den guten, unverfälschten Tabak zu rauchen. Seine Zunge fuhr kurz über die Lippen, benetzte dann den Klebstoff auf dem Papier, und fertig war das Glimmstängelchen, dünn zwar, aber bereit, mit Hochgenuss geraucht zu werden; die großen, schwarzen, versonnenen Augen beinahe geschlossen.

Und so vergingen damals die gleichförmigen Tage Pitrinhas, der stets von dem griechischen oder liberianischen Schiff träumte, das ihm eine kleine Flucht ins Ausland ermöglichen sollte. Er wusste, dass es nicht leicht war, die Beamten von der Hafenpolizei zu überlisten, sie kannten alle Tricks. Er zählte auf die Hilfe seiner guten Freunde in der Bucht. Andere schafften es ja auch, und er wäre nicht am schlechtesten vorbereitet.

Am Sonntagnachmittag ging Pitrinha auf dem Rückweg von einem weiteren Spaziergang zur Spitze von Praia und den Kneipen in der Rua de Matigim, heute eher als Rua de Canecadinha bekannt, in Richtung Madeiralzinho, durch die Rua do Telégrafo mit ihrer stets pünktlich gehenden Uhr, vorbei an der Praça Nova, dem Platz mit dem Brunnen, der Fonte Cutu, und dem schönen Park voller Bäume und prächtiger Kohlpflanzen, die den Passanten die Augen übergehen ließen.

Während er so vor sich hinging, grübelte er über seine Probleme nach. Zum Glück hatte er keine Kinder und keine Frau. Nha Zépa war sehr jung aus der Gegend von Caleijão auf São Nicolau herübergekommen und hatte viele Jahre lang als Köchin bei den Engländern von der Millers Company gearbeitet. Zu den Zeiten waren sie zu Hause satt geworden, denn die Engländer zahlten genug, dass man eine gewisse Unabhängigkeit bewahren konnte. Sein Vater hatte vor langer Zeit, als Pitrinha ein Knirps von vielleicht zehn Jahren gewesen war, auf einem griechischen Schiff angeheuert. Pitrinha war vier Jahre lang in die Grundschule von Senhor Alfredo gegangen, einem Mann, der keinen Spaß verstand; man musste nur den Quittenholzstock gesehen haben, den unerbittlichen Richter all derer, die sich vor der Erfüllung der schulischen Pflichten drückten oder sonst ungehorsam oder frech waren. In der Anfangszeit hatte der Vater über die Schiffsgesellschaft noch etwas Geld geschickt. Dann hatten sie nichts mehr von ihm gehört, und nun wussten sie nicht, wo er sich herumtrieb, ob er noch am Leben oder tot war.

Mit den letzten Sonnenstrahlen, die noch einen schüchternen Blick über den Monte Cara auf die Stadt Mindelo warfen, kam Pitrinha zu Hause an, ging durch die Tür der aus Kistenholz gezimmerten Behausung seiner Mutter und traf dort auf seine älteste Schwester Bia Zépa.

»Hallo! Wo hast du dich herumgetrieben? Ich habe dich schon lange nicht mehr gesehen. Wie geht es dir und den Kindern?«

»Stimmt, ich hatte viel zu tun. In diesen teuren Zeiten den Nachwuchs großzuziehen ist kein Kinderspiel. Lilinha und Djunga gehen schon zur Schule. Zinha ist zwar noch klein, aber quengelt immer herum und nimmt viel von meiner Zeit in Anspruch. Ich muss aus dem Haus gehen, den Lebensunterhalt verdienen und Kohlen aus Cardiff oder New Castle verkaufen, von den Ketten aus Samenperlen ganz zu schweigen. Einfach ist das nicht. Es ist nicht immer leicht, eine Catchupa auf den Tisch zu bringen. Mitunter reicht das Geld nicht einmal für das Schwanzende eines Fischs. Die Catchupa kocht sich im Topf auch nicht von alleine. Man muss sich sein Auskommen im Schweiße seines Angesichts verdienen und viel Geduld aufbringen.«

»Du darfst dir eben keine weiteren Kinder anschaffen, noch dazu von Männern mit zig Frauen. Die wollen doch nur ihren Spaß und eine Frau, die ihnen zu Willen ist. Ist ein Kind unterwegs, dann soll eben Mutter sich darum kümmern. Kinder zu bekommen ist nicht schwer, aber sie mit Gottes Gnade großzuziehen, steht auf einem anderen Blatt.«

»Ach, Bruder! Wenn Gott einem Kinder schenkt, dann reicht es, dass man sie annimmt. Er öffnet dann schon eine Tür, damit jeder Christenmensch seinen Sohn in Seiner Gnade aufziehen kann.«

Pitrinha schüttelte den Kopf, wandte sich zu seiner Mutter um und sagte: »He, Mã Zépa! Wann schlachten wir denn nun das Schwein, das du im Garten stehen hast? Die Aufsicht ist unterwegs. Mit Doktor Sócrates ist nicht zu spaßen. Wenn sie dich mit dem Schwein im Garten erwischen, musst du nicht nur Strafe zahlen, sondern bist auch noch das Schwein los, das mit Haut und Haaren zur Albergue da Ribeirinha wandert, obgleich der größte und schmackhafteste Teil beim zuständigen Beamten bleibt. Er macht damit ein gutes Geschäft und wird vom Elend der anderen von Tag zu Tag dicker. Für das Unglück des Volks haben diese habsüchtigen Leute kein Gefühl.«

»Du bist wohl nicht ganz bei Trost! Tchuque wird dann geschlachtet, wenn ich es sage. Du mit deinen verrückten Ideen und deinen bösen Vorahnungen – Teufel, weiche von mir – hast mir bestimmt nicht zu sagen, was ich zu tun habe. Und lass dir eins von mir gesagt sein: Kümmere dich um dich, geh ins Krankenhaus und lass dir einen Termin beim Arzt geben, mir gefällt überhaupt nicht, wie du aussiehst. Wie eine Seele im Fegefeuer.«

»Zum Arzt? Bloß das nicht. Dieses Krankenhaus ist eine Strafe.«

»Es muss aber sein! Siehst du denn nicht, dass du dünn bist wie ein Dornhai, und noch dazu hast du diesen Husten, der nicht weggehen will …«

»Ist ja gut, Mã Zépa … Morgen oder übermorgen lasse ich mir einen Termin geben. Geh mir nicht auf die Nerven …«

»Du unverschämter Bengel! Redet man so mit seiner Mutter? Pass bloß auf, ich bin noch kräftig genug, um den Türriegel zu packen und dir zu zeigen, wer hier im Haus das Sagen hat!«

Unter dem vorwurfsvollen Blick Bia Zépas beschloss Pitrinha, den Dialog nicht weiter fortzusetzen, und zog im Geiste Bilanz. Er befand, seine Mutter habe recht, er musste tatsächlich zum Arzt gehen und Medizin nehmen, um seinen verdammten Husten loszuwerden. In Wahrheit hatte er Angst. In letzter Zeit waren viele Leute an der Schwindsucht gestorben, vor allem am Kalten Kanal und am Berg. Junge Menschen in der Blüte des Lebens, die von einem Tag auf den anderen umfielen.

Ein Elend, was war bloß los mit den Bewohnern von São Vicente? Hatte er womöglich auch diese Krankheit? Das war sein Dilemma, er hatte Angst, zum Doktor zu gehen und der Wahrheit ins Gesicht zu sehen. Und ohne es zu merken, verschob er den Besuch beim Arzt, was fatal sein konnte. Doch rasch vergaß er seine Sorgen. Er fing an, von dem Tag zu träumen, an dem das Schwein geschlachtet würde. Ordentlich fett war es schon, es konnte sich kaum noch auf den Beinen halten. Mehr als gewiss, dass Mã Zépa spätestens in der kommenden Woche den Schlachttag ansetzen würde. Da würde er sich dann den Bauch vollschlagen. Einen saftigen Braten, gleich morgens eine Frisnóte mit aufgewärmter Catchupa, Trutchida frita, Blutwurst, Räucherwurst, Grieben, ein wahrhaftiges Bankett, das viele Tage lang dauern würde. Oh, wie herrlich würde das werden! Doch dann dachte er niedergeschlagen, dass er gar nicht mehr solchen Appetit hatte wie früher, als er imstande war, beim Bäcker Zé Capton ein ganzes im Ofen gebratenes Zicklein alleine zu vertilgen. Gott würde ihm schon helfen, und sein Appetit würde sicher wiederkehren. Doktor Mirandinha musste ihm nur einen ordentlichen Hustensaft und ein paar Kapseln verschreiben, und die Sache wäre erledigt. Hoffnung gab es im Überfluss, viel mehr als Essen.

Pitrinha saß gerade auf einem Holzschemel vor der Haustür, als Bitim aufgeregt den Hang hochgelaufen kam, der zu Mã Zépas Haus führte.

»He, Pitrinha! Es gibt Neuigkeiten. Morgen wird ein Kohlendampfer aus England erwartet, der fünftausend Tonnen Kohle löschen soll. Bei dem Arbeitsmangel der letzten Tage müssen wir ganz früh aufstehen, damit wir eine Stelle beim

Ausladen bekommen. Ich warte gegen sechs unten an der Praça Nova auf dich. Du weißt ja, dass Nho Pedro Rocha mein Patenonkel ist, er wird uns bestimmt nicht übergehen. Ich will dieses Mal aber nicht den Manê Cabom machen. Du weißt ja, beim letzten Kohlendampfer habe ich keinen Platz bekommen, und als Manê Cabom habe ich nichts abstauben können außer den beiden kleinen Taurollen, die ich dann für einen lausigen Preis im Laden von Nho Pedro Cláudio verkauft habe, sie haben kaum für eine Woche Essen gereicht. Jetzt muss es klappen.«

»Bitim, du weißt, wie schwach ich bin. Ich habe Mã Zépa eigentlich versprochen, morgen zu Doktor Mirandinha in die Sprechstunde zu gehen, aber wenn es so ist, gehe ich nicht. Du wirst mir über deinen Patenonkel schon helfen, einen Platz nicht allzu tief unten im Laderaum zu bekommen. Dieser Husten will nicht verschwinden, und wenn ich nach ganz unten muss, kriege ich Atemprobleme.«

»Mach dir keine Sorgen. Ich gehe gleich auf einen Sprung zu meinem Patenonkel zum Alto de São Nicolau und rede mit ihm. Wenn nichts schiefgeht, komme ich hier wieder vorbei, ehe du dich schlafen legst. Jetzt zum Abend hin bleibst du besser zu Hause, die Luft ist frisch. Morgen früh musst du in guter Verfassung sein, einverstanden?«

»Klar bleibe ich zu Hause. Ich habe sowieso kein Geld, nicht mal, um einen Grogue zu trinken oder Zigaretten zu kaufen. Mã Zépa hat mir schon gesagt, dass sie pleite ist. Geld gibt es nur noch für Petroleum und Kekse und für Zitronellengrastee, um den Hunger zu stillen.«

»Dann also, bye-bye.«

Der Volksmund sagt, der Mensch denkt, Gott lenkt. Wie Bitim am Abend zuvor mit Pitrinha verabredet hatte, saß er schon vor sechs auf einer Bank an der Praça Nova neben dem Telegrafenamt. Bis gegen halb sieben wartete er auf Pitrinha.

Da dieser nicht auftauchte und um die Chance auf einen Platz beim Löschen des Kohlendampfers nicht zu verpassen, ging er ohne Umwege weiter zur Millers Company, wo er kurz darauf vernahm, wie sein Name aufgerufen wurde. Er gehörte zu der Gruppe, die an Bord löschen sollte, während der Vorarbeiter eine weitere Gruppe von Männern und Frauen zusammenstellte, die die großen Kähne abzuladen hatte, die am Kai anlegten, von wo die Kohle von Frauen in Waggons zum Hauptlager geschoben werden sollte. Bitim trat zu Fefa, der ebenfalls einen Platz ergattert hatte, und sagte: »Ich mache mir ziemliche Sorgen um Pitrinha. Ich habe ihn gestern am späten Nachmittag bei Nha Zépa getroffen. Er sah überhaupt nicht gut aus. Von Tag zu Tag dünner, der Rücken krumm, und dann dieser trockene Reizhusten, der nicht vergeht. Er sprach davon, dass er heute früh ins Krankenhaus zum Arzt gehen wollte, es aber verschieben würde, um den Kohlendampfer nicht zu verpassen. Er hat mir versprochen, dass wir uns heute früh um sechs treffen würden, aber er ist nicht gekommen. Was mag wohl passiert sein?«

»Ich weiß es nicht. Vielleicht hatte er keine Kraft und ist deshalb nicht gekommen.«

Die verschiedenen Gruppen, die an Bord des Kohlendampfers gingen, insgesamt vier an der Zahl, bestiegen einen der großen Kähne, der zur »John Miller« geschleppt wurde. Das Löschen dauerte fast eine Woche. Am Tag, nachdem der Kohlendampfer zu seiner Rückfahrt nach England abgelegt hatte, ging Bitim nach Madeiralzinho zum Haus von Nha Zépa, um sich nach Pitrinha zu erkundigen. Er fand Nha Zépa tieftraurig und weinend vor.

»Guten Morgen, Nha Zépa! Was ist mit Pitrinha los? Warum ist er nicht mit zum Kohlendampfer gekommen?«

»Weißt du es nicht? Pitrinha liegt im Krankenhaus. Nachdem du fortgegangen warst, hat er sich nicht wohlgefühlt und ununterbrochen gehustet. Spät in der Nacht fing er dann an, Blut zu spucken, so schlimm, dass ich die Nachbarn um Hilfe bitten musste. Sie haben ihn ins Krankenhaus gebracht, wo sie ihn gleich dabehalten haben. Er hat ein paar Spritzen zur Beruhigung bekommen. Am Tag darauf musste er zum Durchleuchten. Sie haben ihm gesagt, dass er die Schwindsucht hat und das Krankenhaus vorerst nicht verlassen darf, um niemanden anzustecken. Deshalb musste ich alles, was er hier zu Hause benutzt hat, verbrennen: Matratze, Bettlaken, Geschirr, Besteck, alles. Und da er so dünn und ausgezehrt ist …«

»Sie müssen Geduld haben, Nha Zépa. Krankheiten kommen schnell und vergehen langsam. Pitrinha ist doch noch ein junger Mann, deshalb wird er wieder gesund werden. Sobald ich die Erlaubnis bekomme, gehe ich ihn besuchen. Bis morgen, Nha Zépa. Gott steh euch bei.«

Pitrinhas Mutter war besorgter, als es den Anschein hatte. Sie liebte ihren ältesten Sohn sehr und wusste ganz genau, dass mit seiner Krankheit nicht zu spaßen war. Nachdem Bitim gegangen war, sagte sie, von der bitteren Realität bedrückt, zu sich selbst: »Oh Gott, für meinen Sohn gibt es keine Heilung. Die Schwindsucht kennt kein Pardon, sie kostet das Leben … Gebe Gott mir die Kraft, auch dieses Unglück noch zu ertragen. Zuerst ist mein Mann ins Ausland gegangen, dann ist Bia von einem Gauner von zu Hause weggelockt worden, und nun noch diese vermaledeite Krankheit, die Pitrinha langsam umbringt. Die Welt ist eine Kugel, die sich unaufhörlich dreht. Jeder bekommt das, was er verdient.«

Sie bemerkte, dass sie mit sich selbst gesprochen hatte, was sonst nicht zu ihren Angewohnheiten gehörte. Deshalb dachte sie, eines Tages werde sich eine Tür auftun und sie könne hinaustreten aus ihrem schmählichen Dasein, in dem sie ohne Aussicht auf ein Ende lebte. Gott würde ihr schon helfen!

Vertragsarbeiter

Luis Romano

Trommeln lärmten durch die Straßen, brachten Neuigkeiten mit. Die Fenster öffneten sich, die Türen gingen auf, und das Volk lief zusammen, um zu hören, was da marktschreierisch in alle vier Winde hinausgeschrien wurde. Erstaunt hörten sie die Nachrichten aus dem Mund dieser Männer, die immer lauter schrien, und was sie verkündeten, konnte schon manchen um seine Urteilskraft bringen.

Die alten Leute machten Bemerkungen, und die Frauen lauschten, während sie die Schöpfe ihrer quengeligen Kinder nach Läusen absuchten. Die jungen Leute aber erblickten einen neuen Horizont und vergaßen darüber alles, nur um zu erfahren, wie sie fortkommen könnten von dieser Insel, auf der die Familien am Nichtstun und an den Krankheiten dahinsiechten.

»Sohn, du willst mich verlassen?«

Der junge Mann antwortete nicht. Er blickte seine Mutter an, die eingefallenen Gesichtszüge, den schon lippenlosen Mund, dem die Zähne ausgefallen waren. Er sog den Geruch des leeren, heruntergekommenen Hauses ein und sprach, das Gesicht zur Wand gekehrt, um Mut zu gewinnen und seinen Gedanken festzuhalten: »Es muss sein, Mutter. Ich will hier nicht sterben. Ich will hier nicht sterben wie ein Hund. Ich habe nichts gelernt, denn es gab ja niemanden, der hätte helfen können. Jetzt möchte ich diese Gelegenheit wahrnehmen, damit du nicht zugrunde gehen musst ohne die Hilfe meiner Arme. Erlaube mir, dass ich mich einschiffe, Mutter. Dann kann ich dir Geld schicken, mit dem du dich durchbringen kannst. Wenn ich dann zurückkomme, ist das alles vergessen.«

Die Mutter seufzte und raffte ihre Röcke, um sich die Tränen zu trocknen. Sie verstand alles. Die Tage ohne Nahrung, die Verlassenheit der Armen. Da kam der Sohn aus der Schule und fand keine Arbeit, und die Äckerchen wurden verkauft für ein paar Krüge voller Maniokmehl. Sie verstand das alles, aber die wahrscheinliche Abreise des einzigen Sohnes war ein Schmerz, der sie innerlich austrocknete.

Der junge Mann fuhr fort: »Ich kann mit zehn Escudos am Tag auskommen für Essen und Schlafen. So kann ich genug Geld zusammenbringen, um es dir zu schicken. Und ganz gewiss bringe ich noch Geld mit, wenn ich zurückkomme. Die Jahre gehen doch schnell vorbei. Mutter, sei doch nicht traurig.«

In den anderen Häusern spielten sich ähnliche Szenen ab.

Neben der Küche scharrte Maridjodja Figuren ohne Köpfe und Füße in den Boden. Taninho erklärte die Sache: »Hier gehen eben alle weg. Der Regen ist im Himmel festgetrocknet, und die Sonne ist heißer als Kohle. Dort aber ist die Erde gut. Dort gibt es Bananen in Hülle und Fülle, heißt es, und Kaffee und alles, was man zum Essen braucht. Wir müssen eben die Gelegenheit ergreifen.«

Maridjodja wollte etwas sagen, aber die Wörter blieben ihr auf der Zungenspitze kleben. Es war alles so schnell gekommen. Vor allem das Elend, das sie erleiden mussten. Das Land, in dem sie geboren waren, aufzugeben und fortzuziehen, hoch auf den Wogen dieses Meeres von Christus im Dampf des Eisens, mit Kind und Kegel und Sack und Pack, das war für sie ein Ereignis, das man nicht leicht hinnehmen konnte. Aber

Taninho drängte. Er war der Steuermann des Hauses. Sie sollten sich aufmachen zu diesem neuen Land. Die Männer mit den Trommeln hatten doch alles so gut erklärt: Zehn Milreis pro Tag, freie Kost und Logis, und wer wollte, konnte die Familie mitnehmen. Und deshalb wollte Taninho seine Heimat verlassen. Er wollte Geld zusammensparen, im Leben zurechtkommen und eines Tages ohne Not und Mangel sterben. Die Kinder waren vor Freude ganz ungeduldig. In der Nacht machten sie tausend Pläne. »Ich nehme mein Pferdchen aus Rohrgeflecht mit. Ich will auch meinen Ball aus Strumpfwolle nicht vergessen, denn wir wollen doch auch spielen in jenem anderen Land.«

Die Hoffnung wurde immer größer, wurde Nacht für Nacht immer verführerischer, immer anziehender.

»Bananen, reife Bananen im Überfluss!«

»Essen in Hülle und Fülle!«

»Überfluss für die Armen!«

In ihren Träumen erschienen ihnen ganze Meere, angefüllt mit Nahrungsmitteln. Die Bananenschalen waren ausgestopft mit lauter Zehn-Milreis-Noten, die Taninho fieberhaft sammelte für die Rückkehr, wenn sein Vertrag abgelaufen wäre. Die Kinder träumten von Pferdchen, die über die Wolken liefen und Türen aufstießen, hinter denen es so viel Essen im Überfluss gab, dass es sogar aufs Meer hinausfloss.

Solche Träume hämmerten sich in die Hirne durch alle diese Versprechungen. Überall das gleiche Fieber, auszuwandern ohne Bewusstsein und ohne weitere Vorbereitungen die Heimat Hals über Kopf zu verlassen.

Maridjodja empfand tiefe Traurigkeit. Ihr Sohn Taninho wollte, wie so viele andere, einfach nur leben, er hatte einfach nur den vitalen Wunsch nach einer besseren menschlichen Existenz.

In den schweigenden Augen eines jeden lag eine Hilflosigkeit, ein fatalistisches Hinnehmen derer, die einfach als Menschen leben wollten.

Aufrufe wurden verkündet, vor den Türen der Häuser, überall dort, wo viele Leute zusammenkamen. Sie wurden auf Papier geschrieben, mit Stempel und Unterschrift versehen und versiegelt.

Und sie wurden durch das ganze Land geschickt, in identischen Abschriften, damit das Volk es lesen könne und die Gelegenheit nütze. Und die Männer, die alle die gleiche Absicht hatten, schrieben sich ein. Die hoch auf den Feldern arbeiteten, stiegen in Gruppen herab, von Staub überzogen, die Fußzehen nass vor Schweiß, die Kittel voll großer Flecken unter den Armen.

Alle kamen und wollten sich einschiffen. Das Heimweh starb. Die Notwendigkeit zu leben verwischte alle anderen Gefühle.

Dicke, runzelige Finger hielten zitternd die Federhalter, kritzelten ihren Namen mit durcheinanderpurzelnden steifen Buchstaben. Bauer um Bauer krempelte sich die Arme hoch bis an die Ellenbogen, nahm den Federhalter, schüttelte ihn, streifte die Tinte ab und schrieb seinen Namen. Der Angestellte presste dann den Daumen auf ein schwarzes Stempelkissen und drückte den Daumenabdruck in das Kontraktbuch.

»Fertig! Der Nächste!«

Er ging hinaus. Draußen umringten ihn die anderen nach Informationen.

Hunderte von Menschen schrieben ihren Namen in jenes Buch, als schmölzen die Qualen der Mutter Erde angesichts jenes anderen, weniger unglücklichen Landes dahin, wo jeden Tag der Regen fällt.

Die Mädchen betraten das Gebäude recht furchtsam. Der Arzt untersuchte sie: »Du kannst gehen.« Ein anderes Mädchen trat sofort ein. Wie eine lebendige Kette kam und ging das Volk, von einem vielversprechenden Traum besessen. Dies sollte die Rettung sein. Rudel von Verhungerten traten an wie Schafe, gaben sich ihrem Schicksal hin. Und vertrauten den Menschen.

Kolumne um Kolumne von Unterschriften wurden in jenes Buch eingetragen und füllten Blätter von Papier.

Jeder Name ein Leben, das versucht, die Gitter dieses unsichtbaren Kerkers zu zerstören, der die Natürlichkeit dieser verzweifelten Kreolen verkümmern ließ. Jede Unterschrift eine Geschichte, die, ohne den Mund aufzutun, vom Heiligsten eines Wesens erzählte, das litt. Und in den Gedanken ein Weg, eine Wunschgewissheit, die sich unter den Versprechungen einer ruhigen Zukunft in Wirklichkeit verwandelte. Und über allem der Glaube, die festgewurzelte Garantie, aus den Qualen erlöst zu werden, die wie Peitschenhiebe aufs Leben niederfielen.

Was man noch besaß, wollte man verkaufen und so die letzten Vorbereitungen zur Abreise treffen.

Frauen mit Körben auf dem Kopf erschienen an den Türen der Läden, zogen die Tücher von den Körben und zeigten ihre Waren: Sättel in gutem Zustand, mit Fell gefütterte Koffer, Krimskrams, benutzte Kleider, neue Kleider – alles zum Tausch gegen Nahrungsmittel. Am Montag der nächsten Woche sollte der Dampfer abgehen. Die Männer wollten die Familien nicht ohne Nahrung zurücklassen.

»Ich will mit meinen Kindern davon. Ich will alles verkaufen. Ich arbeite im Tiefland. Ich will alles eintauschen für Maniokmehl und Maismehl. Wenn es auch stinkt und von Würmern zerfressen ist, das macht mir nichts. Ich will mit meinem Kind davon. Ich kann es ohne Geld aushalten. Das Kind nicht. Es ist minderjährig, das arme Wesen. Sobald ich in jenem Land bin, lasse ich noch andere Leute nachkommen. Da gibt es reife Bananen, Kaffee und so viel Obst, dass es einem bald gar nicht mehr schmeckt! Und dann komme ich mit Geld zurück. Einmal muss ja auch hier der Regen fallen und diese verzweifelte Welt satt machen. Sobald es regnet, kehre ich in die Heimat zurück. Man darf die Hoffnung nicht aufgeben.«

»Dieser Sattel? Gut, ich nehme dafür fünfzig Milreis. Das macht nichts, auch wenn ich dabei drauflege. Ich kann doch mein Kind nicht sterben lassen mit einem Bauch, der so dick ist wie eine Festtrommel.«

»Es ist das erste Mal, dass in meinem Haus die Nahrung fehlt. Und deshalb mache ich mich fort als Kontraktarbeiter.«

»Nur dreißig? Ach, Mensch, dreißig ist eine Schande! Für einen nagelneuen Sattel nur dreißig Milreis! Gib Mais stattdessen! Das Haus ist so herunter, sogar der Wärmekrug ist kaputt. Sobald ich in jenem Land bin, lasse ich meine Familie nachkommen, damit meine Kinder hier nicht umkommen müssen. Der Jüngste ist schon so krank, dass ihm nur noch die Gnade Gottes bleibt. Er ist schon ganz schwach. Wenn die anderen hierbleiben, gehen sie auch ein.«

»Bitte kaufen Sie doch diese Stiefel. Schauen Sie, sind doch die reinsten Sonntagsschuhe. Ich habe mir diese Stiefel gekauft nur für festliche Gelegenheiten. Mein Gott, Sie wollen diese Stiefel für fünfzehn Milreis haben? Nur mal langsam! Geben Sie mir das Geld, damit ich fortkann, und zwar gleich, damit ich mich nicht umdrehe und meine Stiefel mitnehme, damit ich nicht eine Dummheit mache, die mir schon im Kopf steckt. Mais ist Nahrung. Stiefel kann man anziehen, aber man kann sie nicht in den Topf stecken. Geduld! Was bleibt einem Armen sonst übrig?«

»Du wirst sehen, die Welt geht unter. Es wird eine Strafe kommen, um dieses Volk zu vernichten. Es steht im Buch der Alten geschrieben, es wird eine Zeit kommen, die die Bösen vernichtet und nur die Guten übrig lässt. Doch die Welt ist voller Bosheit. Deshalb wird sie eines Tages untergehen. Der Mensch lebt, das Herz voller Galle.«

Gott hilft denen, die nichts besitzen.

Aber der Mensch hört ja nicht auf das, was Gott im Buch der Alten geschrieben hat. Kennst du die Zehn Gebote Gottes?

»Bitte kaufen Sie diese Stiefel, damit ich keine Dummheit begehe, die mir bereits im Kopf steckt.«

»Nein, mein Herr, dieser Anzug ist nagelneu. Gott sei mein Zeuge. Den hat mir mein Gevatter als Heiratsgut geschenkt. Den habe ich nicht angerührt und aufgehoben für meinen Tod. Die Welt hat sich gedreht. Sie sind doch, Herr, ausgezeichnet bedient mit dieser Ware. Damals ist sie doch viel teurer gewesen. Ich richte mich doch nur auf die Abreise ein. Und deshalb gebe ich Ihnen diesen Anzug für achtzig Milreis. Wie viel? Fünfundvierzig für einen nagelneuen Anzug? Mensch, woher nehmen Sie den Mut, mir so etwas anzubieten?«

Ein Strohfeuer am Berghang verbreitete die Nachricht, dass der Dampfer bereit war, die Vertragsarbeiter aufzunehmen. Von Neuem dröhnten die Trommeln. Stafetten brachten die Meldung in die entferntesten Orte. Die Hafenstadt bevölkerte sich wieder mit lebendigen Gespenstern. Sie saßen auf den Bänken der Plätze, plauderten mit ihren Familien und wiederholten die letzten Versprechungen. Die Lebensgefährtinnen strichen ihren Männern die Gewänder zurecht, zogen ihnen den Kragen glatt, knöpften ihnen die durchgeschwitzten Hemden zu und strichen ihnen sehnsüchtig über den Rücken.

»Miguel, schick mir einen Brief, damit ich weiß, wie es dir geht. Ich vertraue auf dein Wort.«

»Chico, erkälte dich nicht und werde nicht krank. Du bist so weit fort, und ich kann nicht auf dich aufpassen.«

Der junge Mann senkte das Kinn und gab keine Antwort.

Die Mädchen, die zurückblieben, machten die letzten Liebesschwüre.

»Candinho, auf Wiedersehen! Sei brav, dass ich auf dich

warte. Ich werde nie mein Versprechen vergessen. Gott befohlen!«

In der Bucht von Portinho schaukelten schon die Leichter, um sie aufzunehmen. Das Meer war blau, und auf der Zementbrücke warteten sie neben dem aufgestapelten Gepäck auf die letzten Anordnungen. Die Angestellten beendeten den Aufruf. Blatt um Blatt wurde umgewendet, und man hörte immerzu: »Hier!« Dann stiegen sie mit Sack und Pack in die Leichter, mit großen und kleinen Handkörben.

Auf der Brüstung des Kais spreizten die Angehörigen die Finger, hoben die Arme zum letzten Abschied. Die Brise war günstig. Draußen lag das Schiff mit zwei Masten, ganz weiß und ganz schön und schaukelte wie eine Wiege.

Es schien die jungen Leute, die die namenlose Insel verließen, zu verschlingen. Als der Abend anbrach, waren schon alle eingeschifft. Der Kapitän begab sich auf den Leichter, verabschiedete sich von den Angehörigen, setzte seine Kakimütze auf und gab das Zeichen zur Abfahrt.

»Gute Reise! Möge Gott euch helfen! Die Heilige Jungfrau begleite euch!«

Die Brise blähte die Segel, der Kapitän richtete die Nadel, und das Schiff entfernte sich, bis es im Dunkel des Horizonts verschwand.

Auf dem Land fiel die Nacht herab, und die Angehörigen gingen nach Hause zurück. An ihnen nagte die Sehnsucht und die Ungewissheit, denn nun hatten sie keine Stütze mehr. Ihre Gespräche waren traurig, und was sie sprachen, grub sich in sie ein wie Tränenkörner.

»Candinho ist imstande und bleibt für immer fort.«

»Wenn ein Mann keine Frau hat, dann findet er leicht eine andere.«

»Mein Sohn hat geweint wie eine Braut bei der Hochzeit. Mein armer Sohn.«

»Er ist ein Tänzer. Wenn es eine Tanzerei gibt, dann lehnt er seinen Kopf an den Kopf der Partnerin. Sein Gesicht bleibt festgeklebt an meinem Gesicht. Es ist wunderbar, so zu tanzen.«

»Maninho war ernst. Ein Mann weint schließlich nicht. Und Gott ist überall.«

Joncafura aus Lagoinha zitterte mit den Lippen und zerhackte die Sätze: »Ich habe eine Familie gekannt, die in jenes Land gezogen ist. Ich bin sehr alt und habe schon viele dorthin ziehen sehen. Mein Onkel war auch dort. Er hat erzählt, dass jenes Land grün ist, aber es gibt Fieber, und die Neger werden mit Eisenketten gefesselt. Jetzt hat sich die Zeit geändert. Jetzt ist es gut dort für Leute, die arbeiten können. Aber viele Leute bringt das Fieber um, wie ich höre. Die Küsten Afrikas waren immer ein Ort des Fiebers.«

»Aber es ist doch versprochen worden, dass es dort einen Arzt gibt, der die Kranken behandelt und ihnen gegen alle Krankheiten Mittel gibt.«

»Jetzt ist es gut dort. Das Vertragspapier hat es doch garantiert.«

»Ja, Herr, nur Gott weiß, wie es dort ist.«

»Die Reichen in jenem Land haben Arbeiter kommen lassen, damit sie zehn Milreis pro Tag verdienen, mit Essen und allem. Die Reichen würden doch keine Leute kommen lassen, nur damit sie am Fieber sterben, nicht wahr?«

»Und die Bananen reichen doch, um jeden satt zu machen. Dann wird der Bauch schon nicht krank. Dort ist das Land des Kaffees, und Bäume gibt es mit jeder Art Früchten. Nein, das ist ein gutes Land. Der Hurensohn wird Geld verdienen und es sich gut sein lassen.«

»Maninho hat nicht geweint, denn er ist ein strammer, ordentlicher Bursche!«

Der Verwalter Loureiro

Onésimo Silveira

Der Verwalter Loureiro war der älteste Angestellte der Pflanzung. Er war ein ordentlicher Mensch und nicht einer jener Buschaufseher, die ihre Zeit am Rand der Besitztümer zubringen und sich mit Tongafrauen und Kapverdianerinnen einlassen, von denen sie immer eine Menge Kinder haben. Nein, ganz im Gegenteil. Der Verwalter Loureiro war ohne den geringsten Tadel und hielt, seit er 1920 in São Tomé angekommen war, die Disziplin ein, die er für richtig erachtete und angesichts so verschiedener und so unbeständiger Völker für notwendig hielt: der Tongaer, der Angolaner, der Mosambikaner, der Kapverdianer, der Forro und so weiter.

Er stand genauso aufrecht da wie der große Affenbrotbaum in der Mitte des Anwesens mit seinen verkrümmten und gigantischen Armen, der zwischen Mai und September schon viele Wirbelstürme erduldet hatte. Schon beim Anblick der Vertragsarbeiter wusste der Verwalter Loureiro sofort, ob sie sich für die Arbeit auf der Pflanzung eigneten. Kamen sie ihm kräftig und ordentlich vor, umso besser, denn bei stürmischem Regen oder in praller Sonne zu den Grotten hinauf- oder von ihnen herunterzuklettern, ist nichts für irgendeinen Knochenhaufen. Auf jeden Fall blieb nichts anderes übrig, als alle Kräfte zusammenzunehmen und sich an die Arbeit zu machen.

Gerade bei der Ankunft einer neuen Lieferung von Arbeitskräften konnte man den Verwalter Loureiro am besten vernehmen. Mit jener festen, durch die häufige Wiederholung gekräftigten Stimme trat er, sobald sich die Arbeiter versammelt hatten, heran und ermahnte sie, vor Autorität strotzend: »Hier in Ribeira das Neves ist kein Platz für Bummler und Herumtreiber. Entweder es arbeitet einer, oder er wird mit seinem Bündel auf dem Rücken von der Pflanzung gescheucht, denn die Pflanzung kann keine Kranken und Trödler brauchen.«

Nur Tigusto gegenüber verhielt sich der Verwalter Loureiro wie ein anderer Mensch. Er gab ausnahmsweise – und vielleicht zum ersten Mal – den Wünschen eines Untergebenen nach.

Bevor er noch erfahren hatte, was eine Arbeitskolonne ist, wandte sich Tigusto an den Verwalter mit der Bitte, er möge ihn doch im Obstgarten arbeiten lassen, denn seit seiner Geburt sei er an die Arbeit auf den Rieselfeldern gewöhnt, auf denen ihm nichts fremd sei. Vielleicht weil ihm die Offenheit Tigustos gefiel, vielleicht auch, weil er einen Mann für den Obstgarten brauchte, tat ihm der Verwalter Loureiro den Gefallen.

Am anderen Morgen wunderte sich der Verwalter Loureiro, dass Tigusto in der Arbeitskolonne anwesend war. Vor allem, weil Tigusto schon die ganze Zeit, bevor die anderen Arbeiter sich einstellten, gearbeitet hatte. Im Busch rief der Aufseher die Namen der Leute auf. Dann teilte er sie in Arbeitsgruppen ein, und die Kolonnen zogen in den Busch, um zu jäten, um die Kakaobäume und die Kaffeebäume zu säubern und die faulen Früchte in die nasse Erde einzugraben, damit neue Früchte wachsen und die Vögel singen können, die immer hin und her fliegen.

Tigusto jedoch blieb stehen, denn er wollte mit dem Verwalter sprechen.

Aus der Höhe seiner Gedanken herab befahl der Verwalter Loureiro Tigusto: »Du sprichst mit mir heute im Obstgarten. Ich will erst sehen, ob es da gut vorangeht.«

»Ja, Herr Loureiro. Der Obstgarten entwickelt sich gut mit Gottes Segen«, antwortete Tigusto. Dann setzte er jene Miene auf, die ihn als einen Menschen kennzeichnete, der eine Menge Gedanken mit sich herumschleppt, und schlug den Weg zum Obstgarten ein.

Erst als die Glocke bereits zum Frühstück geläutet hatte, erschien der Verwalter. Die Sonne war noch mild, sie löschte noch ihren gewaltigen Durst aus den tausend Tropfen, die der nächtliche Regen auf dem schwarz-grünen Leib der Blätter schaukeln ließ. Sauber wie ein Lieblingsbeet erstrahlte Tigustos Obstgarten in lachender Pflanzenfülle. Die lotrechte Stimme des Verwalters unterbrach Tigustos Vertraulichkeit mit dem Kartoffelfeld, dessen Sprache er da entwirrte.

»Tigusto, klappt es, oder klappt es nicht?«, fragte der Verwalter.

»Beim Segen Gottes, es ist, wie Sie sehen, Herr. Mit einer solchen Erde und Wasser und Gottes Segen geht alles seinen rechten Weg«, antwortete Tigusto überzeugt und schüchtern. Mit einer weit ausladenden Geste zeigte er dem Verwalter seine Reihen von Mais und Kartoffeln. Herr Loureiro wollte noch etwas sagen, aber Tigusto kam ihm zuvor.

»Kein Mensch würde glauben, Herr Verwalter, dass dieser Mais erst einen Monat und neunzehn Tage alt ist! Und in zwei Monaten wird er schon Ähren bilden, so Gott es will.«

Der Verwalter warf einen Blick auf die von Tigusto angelegten Reihen und gab keinen Kommentar ab.

Er ging schon wieder zur Verwaltung zurück. Da lief Tigusto ihm nach und legte ihm dar, dass er auch seine Familie als Kontraktarbeiter nach São Tomé verpflichten wollte. Herr Loureiro fragte ihn nach dem Alter der Frau und der Kinder, was Tigusto sofort auf Jahr, Monat und Tag der Woche genau beantwortete und hinzufügte, alle seien mit landwirtschaftlicher Arbeit groß geworden.

Herr Loureiro entschied jedoch: »Du weißt, die Frauen machen hier nur Schwierigkeiten. Wenn dein Sohn herkommt, ihn kann die Pflanzung vielleicht aufnehmen. Aber die Frauen – ausgeschlossen. Mir reichen schon die, die die Zeit mit Gebären verbringen, statt für die Besitzer nutzbringende Arbeit zu leisten.«

Tigusto spürte, wie ihm die Wut hochkam und der Wunsch, dem Verwalter entgegenzutreten. Aber er fand keine Zeit dazu, denn Herr Loureiro sagte, während er schon wieder weiterging: »Wenn du hier im Obstgarten bleiben willst, gut. Wenn nicht, es gibt auch draußen Plätze. São Tomé ist groß.«

Seine Vertragszeit war schon weit fortgeschritten. Tag für Tag, Stunde um Stunde zählte Tigusto die Zeit. Kein einziger Tag war ungezählt, seine Rechnung stimmte immer. Mit den Monden – er fing gerade seinen einundzwanzigsten Monat an –, es konnte nicht sein, aber es war doch wahr: Nur noch selten fügte er seinen Briefen an Da Luz ein Zeichen der Liebe bei, und nie steckte er mehr als fünfzig Milreis dazu.

Und auch dies war wahr: Während er sich von den Gaben Gottes aus dem Obstgarten ernährte, lebte dort in Faja de Janela seine Familie in Not, auf Wurzeln angewiesen, um das Schlimmste zu verhindern.

Und wenn Leute kamen und ihm von der Dürre auf den Inseln erzählten, schaukelte er traurig mit dem Kopf. Und dann gab er jene Litanei von sich, die ihm seine Einsamkeit in den Mund legte: »Oh, mein Schicksal ist wirklich ein Schicksal!«

Da steht man als Mann in São Tomé, dachte Tigusto dauernd, inmitten von so viel Regen und reißt mit starken Armen die Erde auf und kann doch diesen Segen der Vorsehung nicht recht genießen. Wenn Nizinho ihn dazu ermuntern würde, dann wollte er es noch einmal wagen, mit Herrn Loureiro zu sprechen. Denn je größer seine Niedergeschlagenheit war, umso größer wurde auch seine Lust zu kämpfen. Er wollte sogar bis ans Ende gehen, denn es war eine Schande, dass Da Luz und die Kinder nichts von dem Mais und den Kartoffeln bekamen, die er da ohne große Mühe in dem Obstgarten hervorbrachte.

Tigusto wurde auf einmal gesprächig. In allen Arbeitspausen erzählte er jetzt von Da Luz, von Zidora, Grigol und Misinho. Er erzählte ihnen sogar, was ihn am meisten quälte: wie das Elend an seinem Haus in Janela nagte, wie es damit anfing, dass Stück um Stück der Boden von Da Luz dahinging, bis er und die Frau und die Kinder wie Tote in jenem großen Haus in Bordera herumstanden, von Elend und Verzweiflung gezeichnet. In jenem Haus in Bordera, das er sich immer vorstellte, wenn er aufs Meer blickte, die Tür weit offen wie das Maul einer Ziege in den Stunden der wahnsinnigen Hitze. Und er erzählte …

Nizinho aber, der es satthatte, immer die gleichen Geschichten zu hören, ließ sich von der Trauer, die aus Tigustos schrecklicher Darstellung herausbrach, nicht beeindrucken, einer Trauer, die der Stimme des Wassers glich, das sich in der Brandung brach. Nizinho blieb dabei, es sei unnötig, mit dem Verwalter zu reden, der ändere doch nie seine Meinung. Wenn er jedoch derart verzweifelt sei, möge er es trotzdem versuchen, aber ihm nur ja nicht widersprechen.

»Sei nur ganz milde und widersprich ihm nicht«, empfahl ihm Nizinho aus Klugheit.

In seiner Ungeduld konnte Tigusto aber nicht darauf warten, bis Herr Loureiro wieder in den Obstgarten kam. Wie sollte er auch. Als habe Herr Loureiro geahnt, was Tigusto vorbringen wollte, ließ er ausrichten, dass er Tigusto jetzt nicht empfangen könne. Da aber Tigusto keine Ruhe gab, musste der Verwalter ihn schließlich anhören. Es war das Gleiche wie immer. Er bitte, dass er Da Luz und die Kinder zu sich kommen lassen dürfe, denn die Nachrichten aus der Heimat seien zu entmutigend. Er flehe die Besitzer der Pflanzung an, sie aufzunehmen, denn sie seien richtige Landarbeiter, und außerdem habe er da im Obstgarten gewisse Schwierigkeiten … Und so betete er seinen ganzen Rosenkranz von Rechtfertigungen herunter.

Der Verwalter Loureiro blieb jedoch in seiner Antwort unerbittlich, obwohl er Tigusto eine neue Möglichkeit eröffnete. Da er ohne Familie nicht auskommen könne, solle er doch in die Stadt ziehen und auf einer anderen Pflanzung Arbeit suchen, denn Ribeira das Neves sei schon überfüllt mit Frauen aus Cabo Verde.

Obwohl ihm die Lösung des Verwalters keineswegs gefiel, begnügte sich Tigusto damit, einzuwilligen. Als Mensch mit guten Manieren wäre ihm ein »Nein« als roh und respektlos erschienen. Hatte Nizinho ihm doch eingeschärft, dadurch dem Streit aus dem Weg zu gehen, dass er nie widerspräche, wobei er sich damit entschuldigte, dass man Landarbeiter eben anders behandele. Nur in der Familie, so rechtfertigte er sich, müssten alle Dinge immer erklärt werden.

Als er sich von dem Verwalter entfernt hatte, fing Tigusto an, nachzudenken. Er fragte sich, ob dieses In-die-Stadt-geschickt-werden nicht das Gleiche sei wie eine Entlassung. Was sollte er schließlich in der Stadt, in der er nie gewesen war, und inmitten all der Schurkereien, die den Arbeitern aus Cabo Verde in die Schuhe geschoben werden? Er musste weg, das war schon richtig. Aber so plötzlich? Nein, dachte Tigusto. Ein großer Mann denkt zuerst, bevor er handelt. Und er weiß, wohin er geht, bevor er abreist. Er wollte Nizinho um Rat fragen, denn der war schließlich ein Landsmann.

Am Ende des gefährlichen Weges kauerte im dichten Gras,

das strotzend wie der schwarze dichte Wald emporragte, das Haus von Melia Tavares. Es war wie ein Lichttropfen in der Nacht, ein Aufschluchzen in der Dichte des Waldes, der sich ins Inselinnere verliert. Nizinho und Tigusto zogen den Pfad entlang, und die Dunkelheit war ihnen gleichgültig, als der klagende Chor einer Litanei zu ihnen herüberklang und mit dem großen Getön des auf den Strand auflaufenden Meeres verschmolz.

Schon von fern konnte Nizinho hören, dass die Litanei bereits zu Ende ging. Bald mussten die Trommeln beginnen.

»In einer Stunde, Tigusto«, murmelte Nizinho nervös.

An einer Ecke des Hauses, an der ein Kruzifix und zwei Heiligenbilder durch die zitternde Flamme zweier Kerzen beleuchtet wurden, sang eine Gruppe von Badias ein Gemisch von Litaneien des alltäglichen Lebens und schlichten religiösen Hymnen in einem Wechselgesang von gestottertem und verdorbenem Latein. Unter einem improvisierten Dach von Palmenblättern hatten sich die Badias mit einem groben Tuch um die Hüften bereits zum Tanz aufgestellt. Um sie aufzumuntern, teilte Melia Rotwein und Palmwein an sie aus.

Schwer fiel die Nacht herein. Wie um sie zu verscheuchen, wurde der Tanz unterbrochen, und eine nach der anderen sprangen die Frauen in die Mitte des Kreises und stimmten einen Klagegesang an, den die Gruppe Vers um Vers wiederholte. Verse von den Bitterkeiten des Lebens, von Dos Picos, Santa Catarina, San Salvador do Mundo und den anderen über die Insel verteilten Pflanzungen.

Wie von den anderen Tänzern, so erklang auch zuweilen die weinfeuchte Stimme von Nizinho, der seine Tchabéta anflehte.

»Gib mir Tchabéta, gib mir Tchabéta«, wiederholte im synkopierten Rhythmus des Gesanges eine Frau aus der Mitte des Kreises.

Und auf die Scherze der Männer hin schwenkte die Frau

fieberhaft die Hüften zum stürmischen Gesang der Gruppe, die mit der Handfläche auf das Tuch schlug, das sie um die Schenkel hatte.

»Das also ist Tchabéta, o Welt!«, rief Nizinho ganz außer sich in seinem schwarzen Anzug mit Weste und roter Krawatte und mit gefletschten Zähnen.

Der Tanz dauerte bis tief in die Nacht. Gegen Morgen, als das Tageslicht anfing, durch das feuchte Dach des Waldes zu dringen, sprang Melia in die Mitte des Kreises.

»Jetzt kommt erst der richtige Tanz!«, rief Nizinho Tigusto zu.

Tigusto, der schon längst bei den Frauen saß und mit ihnen Tchabéta wechselte, konnte Nizinhos Ausruf nicht begreifen. Wie kann eine solch dünne Person sich wie ein Kreisel drehen?, fragte er sich.

Kaum hatte Melia zu singen begonnen, belebte sich trotz der durchwachten Nacht der Chor von Neuem. Doch Tigusto blieb skeptisch.

Als sie sich aber in Bewegungen drehte, die einem jungen Mann den Kopf verdrehen konnten, schien Melia nicht mehr der Strich aus Haut und Knochen zu sein, der sie war. Sie sang über Santiago, über São Tomé, über Villa Maria und über alle Kapverdianer, die vor dem großen Fieber angekommen waren, und über alle, die noch weiterhin ankamen.

O Welt, o Welt,
Ich bin den Berg schon oben, ja, Herr!
O Welt, o Welt,
O Welt, und alle sprechen: Ja, Herr!

»Teufelsmädchen, wie die sich dreht!«, rief Nizinho, während der Chor, aus dem Tigustos Stimme hervorstach, mit der gleichen tiefen Traurigkeit wie in Melias Stimme antwortete:

»Ja, Herr!«

»Ja, Herr!«

»Ja, Herr!«

Ziemlich mitgenommen von der Nacht und sehr müde legten Tigusto und Nizinho rasch das Dutzend Kilometer zurück, das Ribeira das Neves von der Stadt trennte. Als sie die Pflanzung erreichten, waren die Dörfer hinter ihnen versunken, eingewiegt von der Schwärze der Nacht, die den Umriss des gewaltigen Waldes verschlang.

Am frühen Morgen ging Tigusto gleich zum Appell. Der Verwalter Loureiro schickte ihn zum Jäten – nur aus Rücksicht auf sein Alter, denn, so betonte er, wenn er jünger wäre, würde er ihn mit seinem Sack auf dem Rücken aus dem Gelände jagen.

Um die Mittagszeit kam Tigusto bereits wieder aus dem Busch zurück. Er hatte seine Arbeit beendet und die von Candinha noch dazu. Und für lange Zeit ließ er sich den Satz aus dem Brief von Da Luz nicht über die Lippen kommen: »Es hat geregnet, und das ist ein Segen Gottes. Zidera und Grigol haben unser altes Stück Land besät, das uns nun der Gemeindevorsteher Leandro verpachtet hat.«

Am ersten Sonntag nach seiner Rückkehr aus der Stadt füllte Tigusto die Hütten mit seiner Bratsche und seiner geschmeidigen und traurigen Stimme. Bis der Nachmittag zu Ende ging, bis die Glocke der Arbeit seine sehnsüchtigen und flehenden Lieder wieder zerschmetterte.

Die Operation

Henrique Teixeira de Sousa

Es war Doktor Vicente nicht möglich, früher mit der Operation zu beginnen. Bis die Instrumente ausgewählt, die Messer geschärft, Tücher und Kompressen sterilisiert, die Fäden bereitgelegt und andere Vorbereitungen getroffen waren, war die Zeit wie im Flug vergangen. So konnte Ondina erst spät am Nachmittag bei Anbruch der Dunkelheit in den kleinen Operationssaal gebracht werden. Der Operationstisch in der Mitte des Raumes, der Instrumentenschrank in einer Ecke, eine grelle Birne an der Decke, ein runder Tisch – das war alles. Carminho und Totone, die beiden Pfleger, kamen mit der Trage herein und stellten sie neben den Operationstisch. Felisberto spähte durch ein Loch in der Fensterscheibe. Dort bezog er Posten und rührte sich nicht mehr vom Fleck. Von dort aus konnte er alles beobachten, was im Operationssaal vor sich ging. Man hatte die Kranke mit einer gelben Tagesdecke zugedeckt, die, wie Felisberto sofort bemerkte, der Familie gehörte. Das Mädchen wurde auf den Operationstisch umgebettet. Felisberto konnte von seinem Posten unmöglich weg; so nervös, wie er war, konnte er den Dingen nicht so ohne Weiteres ihren Lauf lassen. Jeder Versuch, ihn von dort wegzuziehen, misslang.

Auf der Veranda rings um das Krankenhaus herum drängten sich die Menschen, die engsten Angehörigen, Verwandte, Freunde und Neugierige. Sie waren gekommen, um den

Eltern beizustehen und um ein auf Fogo so seltenes Ereignis wie eine Operation, bei der man den Bauch aufschnitt, mitzuerleben. Sogar Ludgero, der São Filipe einen seiner regelmäßigen Besuche abstattete, war erschienen. Hier unterhielt man sich, drüben flüsterte man miteinander, und unter angespanntem Warten vertrieben sich die Männer die Zeit mit Rauchen, während die Frauen beteten. Mit zitternden Fingern ließ Alice einen langen Rosenkranz durch ihre Finger gleiten. Jemand legte ihr ein unförmiges Paket in den Schoß. Sie flüsterten sich leise etwas zu, und gleich darauf verschwand der Überbringer des Pakets, um sich auf die Suche nach Carminho zu machen. Der war ganz in der Nähe. Er nahm Paket und Auftrag entgegen, hörte die Anweisung und begab sich, ohne zu zögern, in den Operationssaal. Felisberto geriet außer sich, als er sah, dass seine Tochter von dem Krankenhauspersonal entblößt wurde und dass der Doktor sich fast an sie lehnte, als er ihren Bauch abtastete. Unerhört! Während der Doktor sich da zu schaffen machte, kam Carminho mit Unserer Lieben Frau von Fátima von Alice's Hausaltar herein. Er trat ein, nahm gottlob von Ondina keine Notiz und ging geradewegs auf den weißen Schrank zu, auf den er die Jungfrau stellte. Keiner der Anwesenden achtete darauf, weder der Doktor noch die Schwester oder der Pfleger. Dort oben stand sie, die heilige Jungfrau von Fátima, und blickte auf die Kunstgriffe des Chirurgen hinunter. Felisberto fühlte, wie ihn große Zuversicht erfüllte. Nun würde alles gut gehen. Es behagte ihm allerdings gar nicht, dass dieser Doktor jetzt jeden Zoll am Körper seiner Tochter kannte. Der Pfleger setzte dem Mädchen ein Gerät auf das Gesicht und griff dann mit der anderen Hand nach einem Glasfläschchen. Dessen Inhalt goss er in das Ding, das an eine Kaffeemühle erinnerte. Was sollte denn das jetzt? Sollte sie davon einschlafen? Doch das Mädchen begann, den Kopf hin- und herzubewegen und sich zu winden, obwohl sie an

Händen und Füßen festgebunden war. Der Arzt beugte sich zu ihr herab und flüsterte ihr etwas ins Ohr. Daraufhin lag sie still. Eusebio lehnte an dem Geländer der Veranda und kaute an einer Zigarre. Neben ihm stand Ludgero und schluckte trocken. Dabei hüpfte sein Adamsapfel auf und ab. Beide schauten sie auf Felisberto, dessen Gesten und Grimassen den Verlauf der Operation in allen Einzelheiten widerspiegelten. Auf einmal wandte er den Kopf ab, weil er den Anblick, der sich dort drinnen bot, nicht mehr ertragen konnte. Er kam sogar auf seinen Vetter und Ludgero zu und erklärte, er könne es nicht mehr aushalten, jetzt habe er ja sogar mit ansehen müssen, wie seiner Tochter die Gedärme aus dem Leib hervorquollen.

»Warum musst du das denn auch unbedingt mit ansehen?«, fragte ihn Eusebio. »Nur um dich zu quälen?«

»Ich muss einfach. Ich kann es nicht ertragen, dass sie an meiner Tochter herumschneiden, ohne dass ich alles genau beobachte. So bin ich nun mal, was soll ich da machen?«

»Dann quäl dich eben«, versetzte Eusebio.

Und so kehrte Felisberto hartnäckig an seinen Beobachtungsposten zurück. Dabei schien er sich buchstäblich durch das Loch in der Fensterscheibe zwängen zu wollen, damit ihm bloß nicht das Geringste entginge. Schließlich war doch das Leben seiner Tochter in den Händen eines unerfahrenen Neulings. Früher hatte kein Mensch je etwas von einer Blinddarmentzündung gehört. Es stimmte zwar, dass viele Leute damals an Bauchschmerzen starben. War das dann etwa eine akute Blinddarmentzündung gewesen? Doktor Hermano hatte damals auf der Insel einige Leute am Blinddarm operiert, und alle hatten sie es überstanden. Auch Ondina würde es überstehen. Oh, Jungfrau von Fátima, du Heilige, du Wundertäterin Portugals, rette meine Ondina! Diese Blinddarmentzündung hätte weiß Gott auch ein paar Jahre früher kommen können, nämlich als Doktor Hermano noch da war. Jetzt kam sie wie zur Strafe, nur damit ausgerechnet dieser Doktor Ondina operieren und ihren ganzen Körper sehen sollte. Er hatte für ihn nichts als Verachtung übriggehabt, und nun sollte er ihm das Leben seiner Tochter verdanken. Er hatte auf der ganzen Linie nur Pech, so als wäre er vom Schicksal verfolgt. In seiner Verzweiflung schlug er die Hände vor das Gesicht.

»Was hast du denn, Felisberto?«, fragte Eusebio ihn sofort.

»Ach, nichts. Nur so ein dummer Gedanke. Was für ein Scheißleben!«, rief Felisberto aus.

»Das kommt von der Aufregung. Lass doch endlich das blöde Guckloch, sonst wirst du noch verrückt. Komm, lass uns zu Alice rübergehen!« Eusebio und Ludgero redeten immer wieder auf ihn ein, er solle die Operation nicht länger mit ansehen, aber störrisch wie ein Maulesel verfolgte er mit seinen Blicken die Bewegungen im Saal weiter, den über den Bauch seiner Tochter gebeugten Arzt, die Schwester auf der anderen Seite des Betts und den Pfleger, der noch immer den Trichter mit dem Schlafmittel über das Gesicht der Kranken hielt. Doktor Vicente schien sich seiner Sache sehr sicher zu sein. Ab und zu wandte er sich zu einem Tischchen und nahm ruhig und ohne jede Hast eins der Instrumente in die Hand. Die Zeit verging.

Draußen unter den Wartenden entstand eine gewisse Ungeduld. In der dunklen Nacht, die nur schwach von den Straßenlaternen erleuchtet wurde, glühten die Zigaretten der nervös rauchenden Männer. Jemand hatte den Beginn der Operation auf die Minute genau festgehalten und wunderte sich darüber, dass sie noch immer nicht zu Ende war. Die Operation von Frau Soundso in Lissabon hatte nämlich nur fünfzig Minuten gedauert, und dabei hatte man ihr sogar die Gebärmutter und noch ein paar andere Sachen rausgenommen. Ondinas Operation dauerte nun schon länger als eine

Stunde. Entweder war die Sache äußerst vertrackt, oder Doktor Vicente kam mit dem Blinddarm nicht zurecht, der Arme. Es war eben gefährlich, dass man junge, unerfahrene Doktoren auf die Insel schickte. Man sollte nur reife Männer schicken, Männer wie zum Beispiel Doktor Hermano. Der konnte sogar Babys aus dem Bauch holen, und weder Mutter noch Kind wurde dabei ein Haar gekrümmt.

Alice rührte sich nicht. Sie saß während der ganzen Zeit an ein und derselben Stelle. Man hörte von ihr nur das Murmeln ihrer Vaterunser und Ave-Marias und das Klimpern der Rosenkranzperlen. Neben ihr hatte sich Nha Noca schwerfällig auf einem Stuhl niedergelassen und schaute, ohne noch an den Rosenkranz auf ihrem Schoß zu denken, mal nach rechts, mal nach links, ständig bemüht, auf den Gesichtern der Vorübergehenden Anzeichen einer frohen Nachricht zu lesen. Sie hatte bedauert, dass Rafael nicht kommen wollte. Allein seine Anwesenheit hätte doch alle beruhigt. Aber jeder hatte seine Eigenarten, das war eben Rafael, und in seinem Alter würde er sich nicht mehr ändern.

Einige wurden es müde, auf den Bänken zu sitzen oder am Geländer zu stehen. Voller Begierde zu erfahren, was in dem kleinen Operationssaal vor sich ging, begannen sie, auf und ab zu wandern. Felisberto konnte als Einziger den Fortgang der Sache durch das Loch im Fenster verfolgen. Man fragte ihn, wie es denn stünde, aber seine einzige Antwort war, es ginge alles mit rechten Dingen zu.

Er antwortete jedoch nur aus Höflichkeit und beachtete diejenigen nicht weiter, die am Schicksal seiner Tochter solch großen Anteil nahmen. Selbst den Statthalter der Insel, der sich näherte, um ihm mitzuteilen, dass auch er in dieser Schicksalsstunde erschienen sei, um Ondinas Familie seiner moralischen Unterstützung, seiner Achtung und seiner menschlichen Anteilnahme zu versichern, selbst diesen würdigte Felisberto keines Blickes. Er wurde sogar von Anacleto Soares begleitet, der sich schon im Stadtrat sah, bevor er das Amt überhaupt angetreten hatte. Der Statthalter blieb einige Minuten bei dem aufgeregten Vater stehen und erkundigte sich, bevor er sich abwandte, noch kurz nach Senhora Dona Alice. Kurz angebunden und ohne den Blick von dem Fensterloch zu wenden, antwortete Felisberto: »Sie ist dort irgendwo.«

»Ich hoffe, dass sich alles zum Guten wendet. Falls ich Ihnen irgendwie behilflich sein kann, stehe ich Ihnen zur Verfügung, Senhor Felisberto.«

»Vielen Dank«, Felisberto spähte weiter durch das winzige Guckloch. Im gleichen Augenblick sah er, wie der Chirurg mit einer Pinzette ein kleines Stück Darm in die Luft hielt. Es hatte Form und Farbe einer kleinen Wurst, und der Doktor hielt es den Umherstehenden triumphierend entgegen. Der Pfleger lächelte. Die Gesichter des Arztes und der Schwester waren mit einem weißen Tuch bedeckt, sodass man ihre Mienen nicht erkennen konnte. Felisberto begriff, dass er den berüchtigten Blinddarm vor sich hatte, ein unnützes Mistding, das die Natur nur erfunden hatte, um die Menschen zu schikanieren. Sofort rannte er die Veranda entlang und rief: »Halleluja, halleluja, halleluja!« Eusebio beschloss, sich ihm in den Weg zu stellen, um ihn zurechtzuweisen. Was für ein Unsinn, zu rennen und zu schreien wie ein Verrückter. Eine Schande, bei all den wohlerzogenen Leuten. »Was heißt hier Schande? Wovon redest du? Ondina ist gerettet. Wo ist Alice? Wo ist Alice?«

»Hör auf, dich so zu benehmen. Du darfst deine Würde nie verlieren, weder in der Freude noch im Leid«, beharrte Eusebio. Er war nun ernstlich böse auf den Vetter.

»Wo ist Alice? Wo ist sie nur?«

»Sie steht dort hinten am Eingang.«

Felisberto entwand sich Eusebios Armen und lief wieder los, um seine Frau zu suchen und ihr die Nachricht zu überbringen. Er hatte es genau gesehen: Der Blinddarm war draußen. Alice empfing ihn zutiefst verstört und umklammerte ihren Mann, von Weinkrämpfen geschüttelt. Danach küsste sie viele Male den silbernen Rosenkranz. Auch Cousine Noca war außer sich vor Freude. Und obwohl sie es schon wusste, fragte sie, ob auch die heilige Jungfrau von Fátima bei der Operation dabei gewesen sei.

»Ja, sie steht oben auf dem Schrank«, erklärte Felisberto.

»Gott sei gelobt! Ich gratuliere dir, Felisberto, ich gratuliere dir!«, beglückwünschte ihn Nha Noca. Im Flur und im Garten, auf der Veranda und an der Tür, überall sprach man lauter. Die Spannung war erloschen, so wie auch das Flüstern der Gerüchtemacher, das Murmeln der betenden Frauen und das Wehklagen der engsten Angehörigen. Nach langen Stunden der Finsternis war dies ein wahrer Tag der Auferstehung. Es wurde wieder hell in der Nacht, die vorher so schwer über dem Krankenhaus gelegen hatte. Die Straßenlaternen hatten einen helleren Glanz, und selbst die Hunde ringsumher, vom Stimmengewirr der Besucher aufgescheucht, begannen zu bellen. Nur die, die schon großes Unglück gewittert und damit ihr eigenes Leid zu lindern gehofft hatten, waren nicht recht zufrieden.

Doktor Vincente legte die letzten Instrumente auf das Tischchen neben sich – Felisberto war inzwischen an sein Guckloch zurückgekehrt –, zog die blutigen Handschuhe aus, nahm die Maske ab und zeigte mit einem diskreten Lächeln, dass auch er zufrieden war. Er streifte seinen Kittel ab und stand mit nacktem Oberkörper da. Der Schweiß rann ihm in Strömen über den ganzen Körper. Er hatte gute Arbeit geleistet. Ohne Zweifel. Wie sollte er ihm nun gegenübertreten, überlegte Felisberto, jetzt, nachdem er seine Tochter gerettet hatte. Nur um ihn zu strafen, war diese Blinddarmentzündung gekommen. Als ob sie den Stolz einer ganzen Familie mit Füßen treten wollte. Früher kamen immer nur Ärzte aus dem Mutterland auf die Insel, und mit denen hatte es nie Ärger gegeben. Seit Neuestem studierten sogar schon Mischlinge! Und wurden dann Ärzte, Ingenieure und Anwälte, und deshalb ging es mit der Gesellschaft bergab – nichts als Verwirrungen und Missverständnisse. Die Welt hatte sich verändert. Ob man wollte oder nicht, man musste mit diesen Mulatten mithalten. Ach, Kap Verde! Was soll aus dir nur werden?

Das Testament des Herrn Napumoceno

Germano Almeida

Senhor Napumoceno erwies sich gleich in den ersten Jahren seiner Selbstständigkeit als ein Kaufmann mit selten guter Intuition oder aber auch einfach als ein Mann mit einem Heidenglück. Es geschah nämlich, dass er, weil sein Lager in Salinas lag, häufig unter der brennenden Augustsonne unterwegs sein musste und zudem noch zu Fuß, denn er hatte noch kein Auto, und fahren konnte er auch nicht. Er beschloss daher, sich einen Sonnenschirm zu kaufen. Aber er suchte vergebens in allen Läden oder Kramläden der Stadt danach. Es stand kein einziger Sonnenschirm zum Verkauf, und er musste sich mit einem Helm aus Kork mit all den Nachteilen eines solchen Utensils begnügen, denn da er ein höflicher Mann war, sah er sich ständig gezwungen, den Helm zu lüften, um die Leute zu grüßen, denen er diese Achtung schuldete, und lief daher stets Gefahr, Wind auf die Stirn, eine Erkältung oder noch Schlimmeres zu bekommen. Er beklagte sich bei einem Handelsreisenden über diese Marktlücke, als sie sich einmal trafen und er seinen Hut abnehmen musste, um ihn zu begrüßen. Doch der Mann lachte sogleich aus vollem Halse und sagte: »Wenn Sie wollen, dann besorge ich Ihnen nicht nur einen, sondern zig, Hunderte, kein Grund zum Verzweifeln also.« Nun war Senhor Napumoceno just dabei, mit diesem Mann eine Bestellung vorzubereiten, und fast zum Spaß, doch durchaus im Bewusstsein, dass er damit sein Kapital festlegen würde, bestellte er tausend Sonnenschirme. Er wusste, dass er allerhöchstens zehn Stück pro Jahr verkaufen würde, aber er würde den gesamten Markt zur Verfügung haben, und die Schande wäre beendet, dass jemand einen Sonnenschirm suchte und in ganz Mindelo keinen fand.

Doch als er einige Tage später die Rechnung des Handelsreisenden erhielt, bekam er fast einen Herzanfall. Zehntausend Regenschirme in einem Land, in dem sie als Sonnenschirme benutzt werden, weil es unglückseligerweise nie regnet! Er gab nicht zu, eine Null zu viel geschrieben zu haben, als er bestellt hatte, und fühlte sich daher von diesem Handelsreisenden beleidigt, der seine Freundschaft derart missbraucht hatte. Er setzte sich sofort hin, um einen wütenden Brief zu schreiben. Wie können Sie es wagen, nach einer solch tiefen Beleidigung die Firma Araújo, Lda., weiterhin zu Ihren Kunden zählen zu wollen, … Doch er zerriss den Brief, ging zur Post, weil nur ein Eiltelegramm seine Wut mildern konnte, schrieb unzufrieden, Sie erfüllten unseren Vertrag, zerriss dies, bat um einen weiteren Vordruck, schrieb nur, Mir fehlen die Worte, um meine Enttäuschung auszudrücken, Komma, ausführlicher Brief folgt, Punkt, verließ die Post, bemerkte, dass Senhor Paiva Portugues ihn rief, sagte mit zusammengebissenen Zähnen Scheiße, schenkte ihm jedoch ein Lächeln und machte seinem Herzen Luft. Senhor Paiva war ein Mann, für den es keine unlösbaren Probleme gab, er riet Senhor Napumoceno, die Sonnenschirme oder Regenschirme – wie auch immer – auf den Inseln zu verkaufen. Oder sogar in Afrika! Es wäre doch interessant, wenn Cabo Verde Regenschirme in die anderen Provinzen exportierte. Doch selbst diese Lösung gefiel Senhor Napumoceno nicht, woraufhin Senhor Paiva, um ihn zu trösten, zum Abschied weissagte, es werde noch in diesem Jahr regnen, und er werde die ganze Ware verkaufen.

»Ach was, das ist doch Unsinn!«, meinte Senhor Napumoceno aufgebracht. »Dieses Land ist verflucht, hier regnet es nie.« Und entfernte sich in Richtung Lager. Er hatte dem Lehrling aufgetragen, dort ein paar Instandsetzungsarbeiten zu machen, die gerade dazu ausreichten, die Waren vor der Sonne zu schützen, solange sie nicht verkauft waren. Von Anfang an hatte er sich nämlich als Großhändler verstanden. Keine Geschäfte, Gemischtwarenläden, Ladentische und Leute, die man ertragen musste, seien es die Angestellten, seien es die Kunden. Er hatte die Nase voll von betrunkenen Kunden, die nicht wissen, was sie wollen, und davon, sich mit schlecht ausgebildetem Personal herumzuärgern. Daher hatte er beschlossen, dass er und ein Lehrling genug seien, um den Betrieb der Firma zu sichern. Er, Napumoceno, war für die Kontakte und der Lehrling für die Botengänge zuständig, denn unterwegs sein, das ist etwas für junge Leute. Die Ware kommt ins Lager und wird direkt an die Einzelhändler, ihrer Finanzkraft entsprechend, verkauft, aber immer in Kisten, Säcken oder Bündeln.

Und während er den jungen Mann beim Umräumen anleitete, er wollte vorn Platz für ein zukünftiges Büro frei haben, entwarf er im Geiste einen anderen Brief an den Handelsvertreter, einen harten, ja sogar beleidigenden Brief, damit der Mann sich genauso erniedrigt fühlte wie er, Napumoceno. Er dachte, Sehr geehrter Herr, strich es aus, was heißt hier geehrt!, der hätte Sie alter Hurensohn, Sie Scheißgauner, Sie mieser Halsabschneider dafür verdient, dass er einen kleinen Kaufmann, der am Anfang seines Lebens stand, zehntausend Regenschirme finanzieren ließ, von denen er nicht einmal fünf pro Jahr verkaufen würde. Die Worte betrügerische Absicht und Schwindel reichen nicht aus, um die unredliche Art und Weise zu beschreiben, mit der Sie mich betrogen haben. Sie haben absichtlich ebenso alle guten, loyalen Beziehungen außer Acht gelassen, wie auch die gesunden Prinzipien des guten Glaubens und gegenseitigen Vertrauens. Sie schicken mir zehntausend Regenschirme, obwohl Sie durchaus wissen, dass Sie mich damit zwingen, eine enorme Menge von Kapital festzulegen, das bis zum endgültigen Verkauf der Ware gebunden bleiben wird, da ich damit rechne, von dieser Ware nicht mehr als fünf Einheiten pro Jahr zu verkaufen. Ich bestätige Ihnen daher, dass, falls es keine vernünftige Erklärung für diese Übertreibung oder irgendeine Maßnahme Ihrerseits geben sollte, die die Verluste mindert, die Sie verschuldet haben, unsere Beziehungen, seien sie geschäftlich oder persönlich, nur auf der Grundlage vollkommensten Misstrauens fortgeführt werden können, auf jeden Fall aber nachteilig für jede Art von Verständigung, zumal ich gezwungen sein werde, meinen anderen Kollegen am hiesigen Orte mitzuteilen, dass Ihr Mangel an Seriosität es angeraten sein lässt, auch nicht die kleinsten Geschäfte mit Ihnen zu tätigen. Die Rechnung kam an einem Tag, der unverschämte Drohbrief wurde am nächsten Tag mit Rückantwortschein aufgegeben, das Schiff mit den Regenschirmen lief am dritten Tag in den Hafen ein.

Zum Glück gab es damals keine Luftverbindung oder regelmäßigen Fährdienste, und der Postkoffer wurde immer irgendwann auf den Weg gebracht. Denn das Schiff legte am Morgen an, und gegen Mittag begann es zu regnen. Zuerst war es ein feiner, wenn auch andauernder Regen, ein sogenannter Nieselregen, der den Sprecher des Rádio Clube Mindelo zur Ansage veranlasste, in São Vicente regne es in Strömen. Doch dieser Nieselregen fiel den ganzen Nachmittag und die ganze Nacht, wobei der Himmel immer bedeckt war und kräftigeren Regen versprach. Und daher beeilte sich Senhor Napumoceno am folgenden Morgen, seine Waren aus dem Zoll zu holen, wobei es unentwegt weiternieselte, und da es bereits Oktober war, der Monat, in dem es etwas zu regnen pflegte, ließ er, nur zur Erleichterung seines Gewissens, im Radio ankündigen, dass die Firma Araújo, Lda., gerade eine kleine Partie Regenschirme erhalten habe und dieselben bereits den lokalen Händlern in seinen am Largo das Salinas gelegenen Lagern zur Verfügung stünden. Er war einigermaßen überrascht, als er gleich am nächsten Tag tausend Regenschirme die Lager verlassen sah, was die Kosten für fünftausend deckte. Dennoch fiel ihm erst drei Tage später ein, als er bereits sechstausend Regenschirme auf den Markt gebracht hatte, dass es nicht lohnte, seinen Freund, den Handelsvertreter, wegen einer solchen Lappalie zu beleidigen, und so machte er sich, auch er unter einem Regenschirm, zur Post auf, füllte ein Formular 3 C7 aus, den Antrag auf Rückgabe von Briefen, und kehrte durch eine von Regenschirmen gefüllte Rua de Lisboa glücklich lächelnd in sein Lager zurück. In seinem Lager angelangt, fand er eine Bestellung für zweitausend weitere Regenschirme vor.

Der Regen fiel weiterhin sanft und ruhig, und in den Stoßzeiten verwandelten sich die Straßen in wogende schwarze Wolken, alle lachten glücklich, das Radio machte Wortspielchen mit Regen und Regenschirmen: Schützen Sie sich mit dem Regenschirm, Das gute Stück, denn besser als Das gute Stück ist nur der Regen. Und acht Tage lang fiel der Regen schön und nützlich, nässte die Erde und die Straßen. Und als die letzte Partie von fünfhundert das Lager verließ, gab Senhor Napumoceno im Royal die Anweisung, allen Anwesenden Sekt zu servieren, und sagte, er feiere den Abzug der zehntausend.

In seinem Testament räumte er ein, dass dies ein Bombengeschäft gewesen sei, das er ohne es zu wollen und rein zufällig gemacht habe, denn geraume Zeit später habe er, als er in seinen Papieren wühlte, die Bestellung gefunden und festgestellt, dass er aus Versehen eine Null zu viel darauf geschrieben hatte. Indes lobte er im Royal mit erhobenem Champagnerglas seine gute Nase für Geschäfte, seinen Instinkt, der ihn den Regen in jenem Jahr habe voraussehen lassen, und das gute Geschäft, das er gerade gemacht hatte.

Der beste Jahrgangswein

Germano Almeida

Schon bevor er im Hafen von São Vicente einlief, hatten wir so manchen Wein getrunken, doch unser Gaumen war erprobt und fand nur im Vinho Verde Befriedigung, dem jungen, stets weißen und so eiskalten Wein, dass er vielmehr Traubensorbet glich.

Anfangs taxierte er uns wortlos, doch mit offenkundigem Missfallen und fragte jedes Mal: »Gibt es denn keinen anderen, reifen, roten?« Nie gab es welchen, doch in dem Maße, wie unser Verständnis wuchs, verbesserte er uns, leitete uns an und erzählte uns von den Rebsorten, der Robustheit der Weine, ihrem rubinroten oder zwiebelschalenfarbenen Feuer, den kräftigen Weinen mit betörendem Bouquet, bis er eines Tages nicht mehr an sich halten konnte und endgültig erklärte, Wein gebe es nur einen: den Roten und sonst keinen.

Keiner von uns mochte Rotwein. Aber wir hatten ihn seit Langem als Lehrmeister in diesem Fach akzeptiert, während er zugab, nichts von Grogue, dem kapverdischen Zuckerrohrschnaps, zu verstehen. Und so machten wir gute Miene zum bösen Spiel und fingen an, den Roten zu schlucken, zumal er eines Tages mit der Nachricht kam, er habe in einem unscheinbaren Laden, einer Kneipe in einer gottverlassenen Gasse, einen erstklassigen Rotwein aus dem Alentejo entdeckt, einen hervorragenden Tropfen, rund, weich und noch dazu – das sollten wir uns bloß mal vorstellen! – zu einem Spottpreis. Er glaubte, es müsse ein Irrtum vorliegen, denn nicht einmal im Weinkeller seiner Herkunft könne dies der tatsächliche Preis sein …

Unverzüglich erstanden wir sämtliche verfügbaren Kartons, eine zünftige Qualitätsübung vor Augen. Und anschließend tauchten wir in die qualvolle Phase des Rotweins ein, in der wir ihn becher-, gläser- und flaschenweise tranken, die Gedanken jedoch stets unbeirrbar und sehnsüchtig auf das Prickeln des jungen Weißweins gerichtet. Bis ich eines Abends zufällig ein Restaurant betrat. Und wen erblickte ich dort? Ihn! Behäbig an einem Tisch sitzend, fast fertig mit dem Abendessen, vor sich eine noch halb volle Flasche … Weißen.

Ich wollte nicht glauben, was ich da sah. »Du trinkst Weißwein?«, fragte ich ihn erstaunt. Doch er hatte seine früheren Lektionen wohl bereits vergessen, denn er hielt an Ort und Stelle eine Lobrede auf den schönen, kühlen Weißen, vor allem in einem heißen Klima wie dem unseren. »Ein leckerer Fisch aus dem Ofen verlangt nach einem ordentlichen Weißen«, befand er schließlich und streichelte sich über den Bauch.

Doch ich war noch immer perplex. »Aber hast nicht du uns beigebracht, dass Wein, großer, echter Wein, der Rote ist und nur der Rote, und bist nicht allein du dafür verantwortlich, dass wir alle einen bitteren Geschmack im Mund haben?« Er brach in schallendes Gelächter aus und erklärte: »Ein echter Weinliebhaber oder jeder, der Ambitionen hat, es zu werden, beginnt ein gutes Mahl immer mit einem Weißen, trinkt zum Essen dann einen Roten und beendet es wieder mit einem Weißen.« Und so habe auch er es gehalten, schloss er.

Doch das Leiden hatte lange gewährt, und deshalb wurden die Erklärungen nicht für hinreichend befriedigend befunden.

Gleich am nächsten Tag leiteten wir vor einem spontan einberufenen Gericht ein Schnellverfahren gegen ihn ein, in dem er der Unterschlagung und Verfälschung von Informationen hinsichtlich des Gebrauchs und des Verzehrs von Weinen angeklagt wurde. Als Beweismaterial wurden die vielen übrig gebliebenen Flaschen Wein aus dem Alentejo vorgelegt.

Obgleich er schneidig von einer Bacchus-Praktikantin verteidigt wurde, die zugunsten des Angeklagten sogar irgendeinen Paragrafen aus der Allgemeinen Erklärung der Menschenrechte anführte, der, wie sie behauptete, jedem das Recht zugestand, den Wein seiner Wahl zu trinken, ohne andere Einschränkungen als die seines Gaumens und seines Portemonnaies fürchten zu müssen, wurde er dennoch verurteilt. Das Vergehen war schwerwiegend gewesen. Aber zu seinen Gunsten wurde die Strafe zur Bewährung ausgesetzt unter der Bedingung, dass er in einer einzigen Woche allein das gesamte Beweismaterial vertilgte.

Und die Zeit verging, und er kehrte zurück in seine Heimat und wurde ein großer Weinspezialist. Wir hingegen blieben weiterhin redliche Laien, allerdings durchaus mit einigem Unterscheidungsvermögen, denn wir verweilten bei dem Roten und gewöhnten uns schließlich an ihn, liebten aber auch den Weißen – es kommt stets auf den Anlass an, hatte er gesagt –, und sogar der Vinho Verde, der gleich in den ersten Tagen seines Apostolats völlig verbannt worden war, belegte erneut einen, wenn auch unbedeutenden, Platz. Wichtig und für immer verzeichnet war, die banalen Marken und die gewöhnlichen Namen zu meiden und stets die Weine der großen Häuser mit eingetragenem Warenzeichen zu wählen. Diese merkwürdigen, nichtssagenden Namen stehen normalerweise für gepanschten Wein, für Gift, echtes Gift, dem Wasser, jedes Wasser, vorzuziehen ist, zumindest ist Letzteres unschädlich.

Jahre später kam er in den Ferien auf die Kapverden, und wir fuhren nach Boa Vista. Gleich bei der Ankunft erwartete uns eine prächtige, gedämpfte Languste, die seine Augen aufleuchten ließ. Doch als er den Krug auf dem Tisch erblickte, nahm seine Begeisterung ein wenig ab. In der Tat hätte der Wein der Klasse der Weißen angehören sollen, dieser jedoch sah eher aus wie dunkler, eisgekühlter indischer Tee. »Gibt es keinen anderen?«, fragte er besorgt. Nein, es gab nur Bombarral. Er probierte einen Schluck, rümpfte die Nase und ging auf die Toilette, um ihn auszuspucken. »Gibt es kein Bier?« Doch, es gab welches. »Dann möchte ich lieber ein gewöhnliches Bier.«

Am darauffolgenden Tag fuhren wir zum Felseneiland. Fisch, an Ort und Stelle geangelt und gegrillt. Als Getränke hatten wir Wasser mitgenommen, ein paar Bier und eine Fünfliterflasche eiskalten Bombarral. Doch die sengende Sonne ließ ihn das Bier vorzeitig austrinken, und zum Mittagessen war keines mehr da. »Du wirst zu dem gegrillten Fisch wohl Wasser trinken müssen«, warnte ich ihn. »Ja, sicher«, antwortete er sogleich. »Vor diesem Zeug da bewahre mich Gott!«

Doch mitten während der Mahlzeit gelangte er zu dem Schluss, dass es so nicht ginge, ein solcher Fisch verlange nach etwas anderem, und widerwillig entschied er sich für ein Schlückchen Bombarral, eine winzige Nichtigkeit von einem Schluck, nur um den Fischgeschmack aus dem Mund zu bekommen. Und am Ende trank er ein halbes Glas, dann ein ganzes und mehr und mehr, stets voller Verdruss, schließlich jedoch mit der Bemerkung, er sei eigentlich gar nicht mal so schlecht, so schön kühl …

Und ich lachte. »Hochmut kommt vor dem Fall«, zog ich ihn auf. »Wer hätte je gedacht, dass du, der große portugiesische Bacchus, der Weinexperte, der feine Fachmann, noch einmal auf dem Eiland von Sal-Rei auf der Insel Boa Vista Bombarral trinken würdest?« Trinkend und genießend und mit der Zunge schnalzend, sagte ich zu ihm, während er die Gläser neu einschenkte: »Hast du schon mal überlegt, was wäre, wenn in der Zeitung ein Foto von dir veröffentlicht würde, auf dem du eine Fünfliterflasche Bombarral leerst?«

Aus diesen Ferien habe ich immer noch ein Buch über Weine mit der folgenden Widmung bewahrt: »… nachdem ich auf dem Felseiland vor Boa Vista in völliger Einöde einige Schlucke einer Flüssigkeit namens Bombarral zu mir genommen hatte, bekannt auch als Lusitano, Pintarroxo, Vale da Parra, Cepa Velha und unter anderen Beinamen, die zu verschweigen die Abstinenz gebietet, in der Zurückgezogenheit des Eilands wie in der Schönheit von Santa Mónica, habe ich am Ende dieser großartigen Ferien auf den Kapverden wieder gelernt, wie wichtig die großen Weine sind; sie sind unverzichtbar für die rühmenswerte Geselligkeit, die wir über die Jahre gepflegt haben. Erheben wir also auf unsere Freundschaft das Glas, gefüllt mit dem besten Jahrgang.«

Die Insulaner und die Welt

Germano Almeida

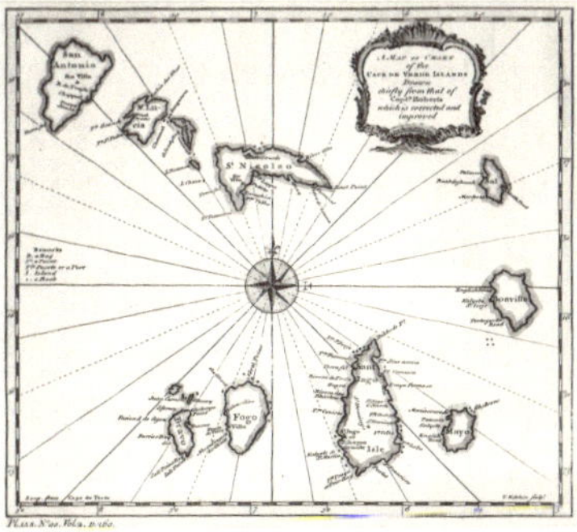

Seit wir nicht mehr von der Dauerkrise des permanenten Regenmangels sprechen, haben wir unser Leben gleichsam in einer regelmäßig aufblühenden Hoffnung verbracht, die von Zeit zu Zeit durch irgendein Ereignis erneuert wurde, dem wir sogleich mythischen Charakter zugewiesen haben. In den glorreichen Jahren zwischen 1975 und 1980 haben wir stets in Verbundenheit mit der erhabenen Bezeichnung »Einheit von Guinea-Bissau und Kap Verde« gelebt. Auch wenn man nicht so genau wusste, wie und worin diese Einheit sich ausdrücken sollte, war sie dennoch ein Leitsatz von so großer Wichtigkeit, dass es keine zu welchem Anlass auch immer gehaltene Rede gab, die nicht unvermeidlich mit einem kräftigen, mindestens zweimal ausgerufenen und beklatschten »Es lebe die Einheit von Guinea-Bissau und Kap Verde« endete.

Dann kam der Staatsstreich in Guinea-Bissau. Die Einheit ging, wie man weiß, auf dramatische Weise in die Brüche, und eine Zeit lang hatten wir gewissermaßen das gemeinsame Ziel verloren. Doch uns hierhin und dorthin tastend, haben wir rasch entdeckt, dass die 1936 gegründete Kunst- und Literaturzeitschrift *Claridade* von Bedeutung gewesen war, dass sie in der grausamen und unruhigen Welt vor dem Zweiten Weltkrieg eine Art Embryo unseres ursprünglichen Nationalbewusstseins war, und jawohl, wir akzeptierten, dass in unserem Land wichtige Dinge geschehen waren, mit denen wir uns, wenn auch mit einer gewissen Zurückhaltung, zu Recht brüsten konnten. Wir hatten einen Boden, der uns nach wie vor Halt gab, übrigens ganz im Sinne der Maxime der Zeit.

Doch zweifellos währt nichts ewig. Und so wurde einige Jahre später unsere Eingliederung in die sogenannte Weltwirtschaft und in den internationalen Arbeitsmarkt zum nationalen Ziel erklärt. Ebenso wie bei der Einheit von Guinea-Bissau und Kap Verde ist es nur wenigen vergönnt, die Bedeutung dieser hässlichen Ausdrücke zu verstehen, sie sind aber dennoch zu Wahlsprüchen erhoben worden, zwar unter dem allgemeinen und hehren Motto »die Zukunft aufzubauen«, insbesondere aber mit der Absicht, Auslandsinvestoren anzulocken.

Es ist klar, dass diese Neuerungen und Wirrnisse die Tendenz haben, unsere nationale Identität zu zerstören. Ganz allmählich fangen wir an, uns fremde Gewohnheiten zu eigen zu machen, wie zum Beispiel Visitenkarten drucken zu lassen mit Telefonnummer und Anschrift darauf, unseren Bekannten die Fremden vorzustellen, die uns begleiten, uns selbst vorzustellen, wenn wir auf einer Konferenz sind.

Noch bis vor ungefähr zwanzig Jahren wäre es keinem Menschen eingefallen, zu einem anderen zu sagen: »Ich bin der Soundso, das hier ist der Soundso.« Etwas derart Unsinniges zu tun, wäre schlichtweg als törichte Anmaßung von Leuten ausgelegt worden, die sich aufspielen, denn wir alle kannten uns untereinander, und die Ausländer, die uns besuchten, waren so wenige, dass sie rasch mit allen bekannt wurden.

Zweifellos ab dem Jahr 1975 begannen die Dinge, komplizierter zu werden. Zum einen wegen der Flut von Menschen, die nun auf die Inseln zu strömen begannen, zum anderen wegen der Wanderbewegungen zwischen den Inseln, die eine

Vermischung verursachten, bei der niemand mehr wusste, wer wer war. Und die dazu führte, dass die sympathische Sitte verschwand, jedem Fremden, an dem man vorüberging, mit einem angedeuteten Lächeln einen »Guten Tag« zu wünschen, eine Daseinsform, die gewiss für die Berühmtheit der *morabeza* verantwortlich ist, die uns über die Zeit hinweg begleitet hat.

Noch bis vor Kurzem kam kein Mensch auf die Idee, mit einem Adressbuch herumzulaufen, zum einen, weil es nicht allzu viele Telefone gab, zum anderen, weil alle sich gegenseitig besuchten und Nachrichten persönlich überbrachten und es an Informanten nicht mangelte.

Wir hatten sogar den Hang, unsere Kleinheit von den Inseln mit hinaus in die Welt zu nehmen. Mein Schwiegervater zum Beispiel fuhr in den Siebzigerjahren einmal in den Ferien nach Lissabon. Tags darauf machte er sich sogleich nach São João do Estoril auf, um eine Freundin zu besuchen, die in Kap Verde bei Groß und Klein, bei Hinkenden und Krüppeln bekannt war, und so ließ er ihre Adresse bedenkenlos zu Hause. Er war davon überzeugt, er müsse nur hinfahren, fragen und sie finden; jemand wie sie wäre gewiss allseits bekannt. Stunden später jedoch kehrte er, eher empört als niedergeschlagen, nach Hause zurück. Man stelle sich das einmal vor! Er hatte überall herumgefragt, aber niemand, absolut niemand, habe ihm sagen können, wo Dona Costa wohne. Eine so berühmte Frau, Mutter einer Ärztin und Schwiegermutter eines Ingenieurs, und trotzdem schien keiner in São João do Estoril sie zu kennen. Und so gelangte er zu dem Schluss, dass das doch ein recht seltsames Land sei.

So etwas kam häufig vor. Zwei Freundinnen fuhren nach Lissabon, um dort zu studieren, die eine Geistes-, die andere Naturwissenschaften. Am Kai von Alcântara gingen sie an Land, jede bestieg ein Taxi, und sie verabschiedeten sich mit einem »Man sieht sich!«. Ein Jahr später trafen sie sich dann endlich, und auch das nur rein zufällig; die eine war in Campo de Ourique gelandet, die andere in Barreiro. Ein anderer verließ das Schiff, schaute sich links und rechts auf der Suche nach demjenigen um, der ihn abholen sollte, und als er ihn nicht erblickte, wandte er sich an einen Polizisten: »Entschuldigen Sie bitte, haben Sie vielleicht Nuno Alfama gesehen?«

Doch nicht immer verfolgt uns das Pech. Ein Landsmann, der auf dem Weg von der Insel Sal nach Boston war, musste in New York zwischenlanden. Das kümmerte ihn jedoch nicht sonderlich, New York war schließlich auch Amerika. Er erinnerte sich an einen gewissen Jonzinho, der Jahre zuvor aus seinem Dorf fortgegangen war, und so fragte er den ersten schwarzen Polizisten, dem er begegnete, auf Kreol, ob er ihm vielleicht sagen könne, wo er den Compadre Jonzinho finden könne, der in Boston wohne. Der Polizist grinste und antwortete, ebenfalls auf Kreol, rein zufällig könne er das. Er und Jonzinho waren befreundet, und Letzterer verbrachte gerade das Wochenende bei ihm zu Hause.

Möge Gott verhindern, dass die mysteriöse Eingliederung Kap Verdes in die Weltwirtschaft und den internationalen Arbeitsmarkt diese unsere köstliche Naivität am Ende noch völlig zerstört.

Der Schiffbruch

Maria Isabel Barreno

An einem stürmischen Tag begann ich zu schreiben, getrieben vielleicht von einem Hang zum Dramatischen, der, das weiß ich wohl, mich bewegt. Wer umgeben von Wechselfiebern und häufigen Todesfällen aufwuchs und gelebt hat, neigt verhängnisvollerweise zur Faszination durch das Traurige. Im Unwetter, das ich erlebte, sah ich das andere, das meinen Vater 1792 nach Kap Verde brachte.

Und ich sehe das Unwetter wieder vor mir, das wütende, graue Meer, die weiße Gischt, der deutlich sichtbare Ausdruck seiner Zornesäußerungen (aber nicht der schrecklichste), den heftigen Wind über dem Meer, der sich von Tod und Reue fernzuhalten scheint, aber der eigentlich Schuldige ist, weil er die gewaltigen Wassermassen mit seinem Fauchen bewegt. Oft habe ich über diese Zusammenhänge des Himmels und des Meeres nachgedacht. Alle lasten dem Meer Gefahr und Verrat an, wenige beschuldigen den Wind; und doch ist er die Kraft, die das Wasser in Aufruhr bringt, die grausam spielt mit dem unendlichen trägen Gewicht eines Elements, das von seinem Wesen her der Erschaffung von Leben und einer friedfertigen Gleichförmigkeit gewidmet ist. Auch zwischen den Menschen, zwischen Männern und Frauen, wirken viele verborgene und offenkundige Kräfte in dieser Weise aufeinander: die einen lediglich durch das Gewicht ihres schweigenden Vorhandenseins, andere als verheerende Furien. Keinem werde ich die Bedeutung erklären können, die das Meer in meinem Leben einnimmt.

Im Allgemeinen sieht man das Festland als die natürliche Umwelt an. Nur die, die wie ich auf einer Insel zur Welt gekommen sind, werden wissen, was es heißt, dieses feste Land auf einen Umkreis von wenigen Meilen begrenzt zu sehen und flüssige Horizonte um sich zu haben bis zum nächsten Stück Festland. Es ist, als ob wir innerlich zerrissen wären, verstreut auf Archipele von Empfindungen, von Zweifeln, die nur eine Macht, die außer uns existiert, verbinden und zur Ruhe bringen kann. Also sucht man diese Macht in der Schönheit des azurblauen Wassers, in der dunkelblauen und gekrümmten Weite, im großartigen Sonnenuntergang, in der namenlosen Sehnsucht, in die uns der Anblick all dieser Dinge versetzt. Für mich wäre das Meer das vollkommenste Abbild Gottes, wenn sein Rang in der Hierarchie der Zusammenhänge nicht so niedrig wäre. Da es so ist, entschuldige ich es und liebe es immer wieder, wie man eine Mutter liebt, die nur dann schlecht handelt, wenn sie von unseligen männlichen Kräften dazu aufgestachelt wird.

Doch bei diesem Schiffbruch, den ich jetzt in meiner Fantasie vor mir sehe, sehe ich ein paar Männer, die von den Wellen hinweggefegt, über die Reling hinausgeschleudert werden, das Meer verfluchen, bevor sie, die Lungen voller Wasser, sterben. Gierig atmen sie ein paar letzte Züge der Luft ein, die sie aufgerührt tötet. Das Ruder des Schiffs ist zerbrochen, die Segel sind zerfetzt, ein Mast ist geborsten. Denjenigen, die an Bord sind, bleibt nur übrig, sich, so gut es geht, an die Taue am Fuß des Masts zu klammern, nicht an die Reling, die auch gerade auseinanderbricht. Plötzlich legt sich der Wind wie bei einem biblischen Wunder. Sofort nimmt das Meer wieder seine natürliche Ruhe an. Die schwarzen Wolken beginnen sich aufzulösen, der Regenguss wird silberfarben: Sonnenstrahlen, die wie Lichtbündel erscheinen, die von ihrem Ausgangspunkt schräg auseinandergehen, wie sie gewöhnlich auf den Heiligenbildern die Verzückung veranschaulichen, brechen aus dem wechselhaften Helldunkel des Himmels hervor.

In diesem Moment trieb mein Vater mit den übrigen drei Überlebenden seiner Mannschaft an der Insel Sal vorbei. Alle lagen erschöpft auf dem Deck und klammerten sich noch an irgendeinen möglichst sicheren Halt. Ich stelle sie mir erschöpft vor und mit aufgerissenen Augen: Die Überraschung ist umso größer, da sie ohne Vorankündigung auf die nahezu tödliche Ermüdung trifft. Aus der Entfernung hatten sie die Insel nicht gesehen, die im Wüten des Sturms versteckt blieb; nahezu unvermittelt, silbrig, gleißend, funkelnd von Salz und Wasser wie ein Diamant, so tauchte sie auf. Wie ein Diamant, sagte mein Vater während meiner ganzen Kindheit. Er erzählte mir diese Geschichte unzählige Male, und er mochte alle Details von einer Erzählung zur andern verändern; niemals jedoch dieses: Die Insel funkelte wie ein Diamant. So, indem er einen plötzlichen Glanz im Meer entdeckte, kam mein Vater nach Kap Verde.

Als sie an der Insel vorbeitrieben, brachen die Seeleute, die an der Seite meines Vaters lagen, in bittere Klagen aus. Was können wir bloß tun, um näher zu gelangen, sagte einer. Ein anderer sagte, die Insel sei verzaubert, sie sei eine dieser Sinnestäuschungen, die die Seeleute in gierige Abgründe locken, in den nahen Tod. Der Dritte beharrte darauf, dass es keinen Ankerplatz oder irgendeine geschützte Stelle gebe, wo sie versuchen könnten, Anker zu werfen, und der Erste, ohne einen der vorigen zu hören, schloss, dass es auf der Insel nichts zu essen gebe. Mein Vater verhielt sich völlig still – auf diesem Detail bestand er ebenfalls immer. Einfach so, ohne Grund, nur weil sich in seinem Bewusstsein kein Wort bildete, weil kein Wort notwendig war. Da geschah ein neues Wunder: Ein Regenbogen spannte sich über die Insel. Von einem Ende zum anderen schien er sie zu begrenzen und zu beschützen. Mein Vater spürte, dass der Regenbogen direkt aus seinem absichtslosen Schweigen entstanden war. Wenn wir die absolute Stille erreichen, erklärte er mir, als er schon alt war, bilden sich die Worte um uns herum, sie erscheinen wie konkrete Dinge oder Farben oder Töne, die Welt spricht mit uns. Er fügte auch hinzu, dass die Momente der absoluten Stille selten sind und dass derjenige glücklich ist, der in seinem Leben einen dieser Momente erlebt.

Dann sagte er leise zu seinen Seeleuten: »Ihr irrt euch.« Seine Augen glänzten, und die Seeleute tuschelten unter sich, unser Kapitän ist verhext. »Es gibt dort einen verborgenen Schatz, den Topf voll Gold unter dem Regenbogen«, fuhr mein Vater fort, aber er sprach nur mit dem Mund, nur um seine erschreckten Seeleute zu beruhigen, sein Herz blieb noch still. Die andern reagierten bestürzt: »Wie, mein Kapitän?«

»Dort gibt es einen verborgenen Schatz, sage ich dir.« In diesem Moment tauchte zudem in einer der wenigen Mulden der Insel, die überwiegend flach war – lediglich zwei Erhebungen waren in der Ebene zu sehen –, eine Oase mit Palmen und anderen tropischen Pflanzen auf, die in der leichten Brise, die sich in diesem Augenblick erhob, schwankten. Launisch ist der Wind, und man klagt ihn doch so wenig an deswegen.

Die Kargheit der Insel wurde durchbrochen, als ob dort ein Fluss verliefe, als ob die Insel meinem Vater ihr zweites Wort zuflüsterte. Dann nahm sie die Laune des Winds, der die Richtung änderte, wieder mit, trieb sie von Neuem aufs offene Meer. Die Seeleute schrien erschrocken: »Mein Kapitän, wir werden keine Rettung finden; und was werden wir mit zerbrochenen Masten und zerfetzten Segeln ausrichten können?«

Und Manuel António Martins, mein Vater, bestand darauf,

sie sollten sich nicht beunruhigen. »Wir werden etwas anderes finden«, sagte er und beobachtete den Horizont. Er hatte in diesem Moment völliges Vertrauen in die lieblichen Zeichen dieses Meers, dieser Inseln. Und die wechselnden Winde brachten sie bis zur Insel Boa Vista, wo das Schiff auf den weichen Grund auflief, ganz in der Nähe des schönen Strands mit weißem Sand, der lieblichen Biegung, dem türkisfarbenen Wasser. Dies war das Paradies meiner Kindheit.

Beim Fischen fanden die Sklaven meines Großvaters, Aniceto Ferreira Mendes Àlvares, die vier schlafenden ohnmächtigen Männer. Sie wollten ihren Herrn benachrichtigen, aber dieser hatte sich in Erfüllung der Aufgaben, die ihm als Kommandanten zufielen, zur anderen Seite der Insel begeben. Maria Josefa, meine Mutter, kam zum Strand. Mit ihren kleinen Schritten, als ob sie den Boden öfter berühren wollte, um den warmen und weichen Sand an ihren nackten Fußsohlen zu spüren.

Maria Josefa entdeckt barfuß die Liebe

Häufig zog sie die Schuhe aus, um am Strand entlangzuspazieren – erzählte sie mir an den zärtlichsten Nachmittagen meiner Kindheit, wenn ich mich nach einer Krankheit erholte und dann intensiv die Liebe meiner Mutter und meines Vaters spürte. Während der restlichen Zeit war die Aufmerksamkeit, die jeder von beiden mir schenkte, nicht sehr groß. Sie beschränkte sich auf die seltenen Stunden im Zimmer meiner Mutter, in diesem Haus, das immer voller Leute war, sodass wir uns mit der Diskretion von Leuten unterhielten, die sich auf dem Markt befinden und ihre trivialen Belange der Nahrungsversorgung und andere praktische Dinge erörtern.

Häufig zog meine Mutter die Schuhe aus, häufig tadelte mein Großvater sie deswegen, ohne das Unpassende von

Stiefeletten und Satinschuhen in tropischem Sand und auf holprigem Boden zu berücksichtigen, erzählte sie mir. Nichts darf uns dazu bringen, die Zivilisation aufzugeben, sagte mein Großvater. Und er richtete eine kurze Predigt – immer die gleiche – an meine Mutter und meine Tante, die zum Thema hatte, wie leicht die tropische Hitze unsere inneren Prinzipien aufweicht, den schleichenden Appell an den Schlendrian, der, viel stärker als das Fieber und andere tödliche Fallen, dazu führte, dass die Kolonien immer eine große Zahl von Männern und Frauen verschlangen. In der Abwesenheit meines Großvaters und in der geeigneten Jahreszeit, wenn die sengende Sonne den Sand nicht zum Glühen brachte, zog meine Mutter vorsichtig und unerschütterlich die Schuhe aus. Auf diese Weise verhielt sie sich immer bei all ihren Handlungen: sanft und nachgiebig im Benehmen, unerschütterlich und gewissenhaft in ihren Absichten.

Sie rannte zum Strand, um selbst die in Ohnmacht gefallenen Schiffbrüchigen und das auseinandergebrochene Schiff, das wenige Meter hinter der Brandung im Wasser schaukelte, zu untersuchen. Die Sklaven sagten ihr, dass sie nicht vorsichtig genug sein könne, und machten erschrockene Augen, wobei das Weiße um die dunkle Iris stark hervortrat. »Vorsicht, Fräulein, kann sein Pirat.« Häufig gab es Überfälle von Freibeuterschiffen und Piraten.

Um diese Zeit wurde in Portugal Dona Maria I. verrückt, und das französische Königspaar wurde enthauptet. In Südamerika ereigneten sich mehrere Aufstände. In Brasilien wurde Tiradentes hingerichtet. In Europa und auf der ganzen Welt herrschte große Angst und Empörung. Dann kam Napoleon durch militärische Erfolge an die Macht und wurde Konsul auf Lebenszeit. Auswanderer mit vielerart Träumen und Übeltäter unterschiedlicher Art verunsicherten die Meere, und oft legten sie an den Inseln an. Manchmal noch nicht einmal, um zu plündern, sondern lediglich, um Wasservorräte aufzufüllen und sich auf einer der drei Inseln, auf denen es im Überfluss vorhanden war, mit Salz zu versorgen. Ihr Näherkommen war jedoch immer furchterregend.

Dom Aniceto, mein Großvater, hatte seinen Töchtern jegliche Unvorsichtigkeit verboten: Sie sollten sich zurückziehen in das Versteck des Hauses, sobald ein Segel am Horizont auftauchte und solange es nicht mit Sicherheit identifiziert war. Ines, die Ältere, außerordentlich vernünftig, die zu der Zeit die Aussteuer für die bevorstehende Hochzeit mit einem Offizier der Kriegsmarine vorbereitete, der bei der Inselwache eingesetzt war, benötigte solche Aufforderungen nicht. Von sich aus bevorzugte sie die Vorsicht, den Schatten und die geringe körperliche Anstrengung. Sie stickte tagelang nahe an einem Fenster, das zur Binnenseite der Insel hinaus lag. Wochen vergingen, ohne dass sie das Meer sah. Und ihr Schicksal gab ihr recht: Ihr Leben und ihr Tod hätten sich genauso gut dort erfüllen können wie auf einem großen und breiten Kontinent. Oft verläuft das Schicksal der Frauen an sich tragisch, unabhängig von den geografischen und anderen äußeren Gegebenheiten, die darauf keinerlei entscheidenden Einfluss haben.

Aber meine Mutter beachtete weder die Anweisungen meines Großvaters noch die Bitten der Sklaven. Sie machte sich auf zum Strand, barfuß, neugierig und menschenfreundlich. Sie war damals fünfzehn Jahre alt, und obwohl sie die jüngere der beiden Schwestern war, war sie es, die seit dem Tod der Mutter, Filipa Ines, die zwei Jahre zuvor dem Fieber erlegen war, das Haus führte.

Dem Sklaven, der sie begleitete und sie hartnäckig beschwor, dass sie sich hüten und nicht auch ihn noch zwingen solle, sich vermeidbaren Gefahren auszusetzen, antwortete sie, dass sie nicht verstehe, welche Gefahr von vier zu Tode erschöpften Männern und von einem gestrandeten Schiff ausgehen könne. Vielleicht seien ihre Absichten Meilen und Tage zuvor finster gewesen. Im Augenblick zwinge sie das Schicksal zur Sanftheit und zur Ohnmacht und verpflichte sie, Maria Josefa, zum Mitleid. So sagt es das Evangelium, fügte meine Mutter hinzu, die bis heute niemals eine Gelegenheit verpasst, jemandem in ihrer Nähe das Evangelium zu verkünden.

Die Sklaven des Hauses waren selbstverständlich alle getauft worden. Mein Großvater hegte keinen Zweifel, dass dies der hauptsächliche Daseinszweck der portugiesischen Kolonien, ihre göttliche Bestimmung war: die Befreiung der Schwarzen von ihrem heidnischen Glauben, ihre Bekehrung zum Evangelium. Zuerst Filipa Ines und danach Maria Josefa hatten diesem strengen und geregelten Christentum ihren eigenen Ton der Güte beigefügt, und sie brachten den Begabteren und den ihnen Näherstehenden den Katechismus bei. Doch der Mehrheit von ihnen waren all die Windungen und probaten Anlässe der Nächstenliebe bei Weitem nicht klar. Aber sie schätzten Maria Josefa und gehorchten ihr williger als ihrem Herrn, Dom Aniceto.

Noch in Lumpen und Entbehrungen erkennt man die Herkunft eines Mannes, und so erkannte Maria Josefa in Manuel António Martins gleich den Kapitän, in den anderen Männern seine Matrosen, und in dieser Rangfolge teilte sie ihnen die Zimmer zu. Er hatte die Sinne noch nicht wiedererlangt, da hatte sie sich schon mit der emotionalen Behändigkeit ihrer fünfzehn Jahre in ihn verliebt. Manuel António, damals zweiundzwanzig, war, unterstützt durch die Umstände, ebenso schnell. Er öffnete die Augen und sah ein schönes elfenbeinfarbenes Gesicht, lieblich und besorgt, mit riesigen dunklen und sanften Augen nahe vor sich. Und er verliebte sich: Mit diesem ersten Blick, den er Maria Josefa zuwarf, sah er die größte Vollkommenheit, der er je begegnet war. Er spürte die kühle Reinheit der Leintücher, die Brise des Fächers, den der Sklave bewegte. Ich bin im Paradies, dachte er, und schon schwanden ihm wieder die Sinne. Aber in das Dunkel dieser erneuten Bewusstlosigkeit nahm er nun das ovale Gesicht Maria Josefas mit.

Im Nachhinein wollten einige das Bleiben meines Vaters auf den Inseln dadurch erklären, dass er sofort die lokalen Reichtümer entdeckt habe und nach Gewinn und Macht strebte. Es ist jedoch bekannt, dass die lokalen Reichtümer immer gering waren, darüber hatten sich alle Reden und Briefe der lokalen Gouverneure und anderer Verwaltungsbeamter beklagt. Der Ort, an dem sich mein Vater wirklich niederließ, war eine Wüste, die der üblichen Habgier nichts bot, eine Wüste, die lediglich während der kurzen Wohltaten der Regenzeit grün gekleidet war und die durch heftige Hungerperioden heimgesucht wurde. Was hätte ihn sonst geleitet haben können, wenn nicht eine anfängliche Eingebung, die für die Mehrheit der Leute verrückt schien: ein Traum, eine Liebe, der Glanz der Insel Sal und das ovale Gesicht meiner Mutter.

Mein Großvater kam von seiner Inspektionsreise von der anderen Inselseite zurück und fand in seinem Haus vier Verletzte auf dem Krankenlager vor, von denen einer, mit bleichem Gesicht, einer großen blutenden Schnittwunde auf der Stirn und noch geschlossenen Augen, mit besonderer Aufmerksamkeit gepflegt wurde: von Maria Josefa, die ihm die Hand hielt und Gebete murmelte angesichts dieser nur physischen Präsenz, die noch in einem Dunkel von Schmerz, vielleicht auch Tod, eingeschlossen war. Dom Aniceto ließ sich nicht leicht erregen; im Gegenteil, er war bedächtig. Zornig wurde er wegen des Ungehorsams seinen Anordnungen gegenüber, er schauerte bei dem Gedanken an die Gefahren, in denen sich seine Töchter befunden hatten und mit ihnen sein Haus, sein Besitz. Er riss sich vor dem Spiegel zusammen, rückte sein Spitzenjabot zurecht, das er immer blütenrein und ein bisschen gestärkt trug, damit es den Umfang seiner Brust besser zur Geltung bringe. Er rief Maria Josefa, die er gleich als die Hauptverantwortliche für die Vorfälle erkannte, denn er wusste, dass Ines ihre Aktivitäten streng auf die Spitzenklöppel und auf den Schlingstich begrenzte, und er wies sie zum wiederholten Male auf all die schwerwiegenden Folgen hin, die aus einer falsch angewandten Nächstenliebe erwachsen könnten. Die Inseln würden heimgesucht von Übeltätern, sagte er, von innen und von außen. Danach teilte er trocken mit, dass die Schiffbrüchigen, sobald sie wiederhergestellt seien, in ein Schiff gesetzt würden, mit Segeln und Proviant versorgt, was ihnen erlauben würde, gesund und munter woandershin zu gelangen. Maria Josefa argumentierte nicht mit Unmenschlichkeit. Sie argumentierte mit der Unnötigkeit dieses Verfahrens. In diesem Augenblick stellten diese Männer überhaupt keine Gefahr mehr dar, sinnvoller wäre es jetzt, sie aufwachen und sprechen zu lassen, vielleicht brächten ihre Geschichten irgendeinen Gewinn, hätten irgendeinen Nutzen. Auf einer Insel, auf der Ereignisse so selten sind, schloss sie, müssen wir alle Möglichkeiten, die das Schicksal uns bietet, nützen.

Dom Aniceto, abgesehen davon, dass er ein strenger Vater war und wenig zur Intuition neigte, hatte schon genug gesehen und gehört, um zu wissen, worüber seine Tochter sprach: von ihrer Möglichkeit, an diesem Ende der Welt jemanden zu heiraten, der ihr gefalle. Und es war diese mögliche Ehe, über die beide sich jetzt hier auseinandersetzten, ohne dies auch nur einmal direkt auszusprechen.

»Welche Möglichkeiten können uns diese zerlumpten und ausgehungerten Schiffbrüchigen mit einem zerschellten Schiff denn bringen? Sie werden zurückkehren müssen in ihre Heimat, zu ihren Besitztümern und ihren Familien, denn hier, getrennt von allem, was ihnen vielleicht gehört, können sie nicht vorankommen. Und wenn sie einmal zurückgekehrt sind zu ihrem vorherigen Leben, meine Tochter, ist es unwahrscheinlich, dass sie wieder hierherkommen, an den Ort ihres Schiffbruchs.«

Maria Josefa antwortete: »Vielleicht bewahren sie nicht nur schlechte Erinnerungen an den Schiffbruch. Hoffen wir, dass sie wenigstens ihre Gesundheit vollkommen wiedererlangen.«

Dom Aniceto stimmte zu, er glaubte, dass es die Situation wenig ändere, wenn er den Schiffbrüchigen ein wenig mehr Zeit zugestehe.

Rasch erholte sich Manuel António, denn er war nicht schwer verwundet. Maria Josefa bot in diesem kurzen Zeitraum der Genesung ihren ganzen Eifer und alle ihre Fähigkeiten als Pflegerin auf.

Manuel António Martins, noch schwach, aber aufmerksam, ging dazu über, sich im Salon, neben einem Fenster, das dem Meer und der Sonne zugewandt war, in einen Sessel zu setzen.

Ich weiß nicht, wie er entdeckte, dass Dom Aniceto Backgammon spielte. Vielleicht hatte dieser es ihm gesagt und darüber geklagt, dass ihm seit dem Tod seiner Frau und dem Tod des Priesters, der regelmäßig drei Monate im Jahr auf Boa Vista verbracht hatte, ein Partner fehlte, oder vielleicht hatte er das Brett gesehen. Die in Rosenwasser getränkten Batisttücher, die Maria Josefa mit geschickten Händen Manuel António auf die Stirn legte, wurden nebensächlich.

Er bekannte sich als leidenschaftlicher Liebhaber und Meister des Backgammon. Dom Aniceto gab nach, er brachte das Spielbrett. Schnell stellte er fest, dass dieser unbekannte und schiffbrüchige junge Mann tatsächlich ein ausgezeichneter Spieler war. Sie setzten sich neben das Fenster, das der Sonne und dem Meer zugewandt war, jeder auf seiner Seite des Lacktischchens. Für immer.

Das Backgammonspiel und die Erklärung der Herkunft

Sobald unser Vater und seine Seeleute wiederhergestellt waren, begannen sie mit den Ausbesserungsarbeiten am Schiff, wobei sie anfangs von unserem Großvater unterstützt wurden, der ihnen Transportmittel zur Verfügung stellte, damit sie zu den anderen Inseln fahren konnten, um dort nach Holz zu suchen. Die treuen Seeleute fuhren nach Brava, Santiago und Santo Antão, sie brachten Holz mit und Nachrichten von mächtigen Bäumen. Ergeben, unwissend und nicht immer erfolgreich, so werden diese Seeleute bis an ihr Lebensende leben.

Ich hielt die Ankunft unseres Vaters auf Kap Verde durch seinen Schiffbruch für hinreichend erklärt. Marta widerspricht mir, der Schiffbruch sei lediglich eine Episode. Wir müssten uns alles, was wir nur könnten, in Erinnerung rufen, um die Gründe für seinen Weg zu verstehen. Ich entgegne ihr, dass wir nur das erinnern können, was er erzählt hat. Aber Marta besteht auf diesem Spiel der Erinnerung.

Über die Vergangenheit unseres Vaters, die Motive für sein Weggehen aus Portugal, seine Reisen, die dem Schiffbruch auf Kap Verde vorausgingen, ist wenig bekannt. Er selbst hat nicht viel erklärt. Einige sagen, aus Not. Um sich Genugtuung zu verschaffen und weil er von seinen Ideen fest überzeugt war, behauptete er.

Das Backgammonbrett blieb weiterhin zwischen den beiden das wichtigste Bindeglied. Nach dem Mittagessen, nach dem Abendessen. Im Allgemeinen fragte Aniceto, und Manuel António antwortete, oder er lenkte wenigstens das Gespräch.

Er umging die Fragen nicht, aber seine Antworten waren weit gefasst, begleitet von gedanklichen Erläuterungen. Eine natürliche Veranlagung, ohne Zweifel, aber er entdeckte auch intuitiv die Überzeugungen und Leidenschaften von Dom

Aniceto. Über diese Zugbrücken suchte er die erste Festung, den Vater, einzunehmen, um so die Hand der Tochter zu erlangen.

Ich greife eine beispielhafte Abfolge heraus, um diese kreisförmigen und sich wiederholenden Gespräche zu veranschaulichen. Wenn Aniceto nach seiner Herkunft fragte, antwortete Manuel António, er komme aus Braga; er mochte danach noch hinzufügen, dass seine Familie im 14. Jahrhundert aus Asturien gekommen war, aufgrund von Zwistigkeiten mit der kastilischen Herrschaft. Dom Aniceto fragte dann nach, worin denn zu jener Zeit die Bedrohung der Asturier durch die Kastilier bestanden habe, aber Manuel António legte weitschweifig bedeutende Themen der Halbinsel dar, um bei dem entschlossenen und tatkräftigen Widerstand, den Portugal auf der Iberischen Halbinsel gegen die kastilische Herrschaft geleistet habe, aufzuhören. Alsbald erwachte der patriotische Eifer Dom Anicetos, das Gespräch wendete sich geschichtlichen Reflexionen zu, und Manuel António unterstrich die Schwierigkeiten und das Leid unserer Grenze, die so gezackt ist. »Es genügt, die Landkarte anzusehen«, sagte er, »jede Biegung der Grenze schildert eine Anstrengung.«

Mein Vater ging dann zu seinem Lieblingsthema über, dem Meer. Unser einziger Weg zur Größe. Das Meer ist der Weg zu jedem beliebigen Ort, die Meeresrouten sind unbegrenzt, das macht seinen Reiz aus. »Das Wasser errichtet keine Hindernisse, noch bietet es Grenzen«, sagte er; »deswegen habe ich das Meer gewählt.«

Versuchte mein Großvater auf direkte oder indirekte Weise, noch mehr Einzelheiten zu erfahren, landete das Gespräch bei den Themen von Niedergang und Verfall der Sitten.

Das war ein anderes Lieblingsthema von Dom Aniceto. Er war in Nelas geboren, und als zweiter Sohn einer adligen Familie, die bessere Tage gesehen hatte, hatte er mit Begeisterung die militärische Laufbahn eingeschlagen und war vor dreißig Jahren nach Kap Verde gekommen, bestallt zum Kommandanten von Boa Vista. Auf dem väterlichen Gut ließ er eine Mutter zurück, die aufgrund der Berichte von den Bällen und anderen Eitelkeiten der vornehmen Häuser in Lissabon und der Gewissheit, dass sie ihre Töchter in der Abgeschiedenheit von Nelas nicht würde angemessen verheiraten können, zunehmend verbitterte, und einen ratlosen Vater, der beständig wiederholte, er könne diese Adligen nicht verstehen, die sich weder um ihre Ländereien noch um sonst etwas kümmerten und nur mit dem Fächer wedeln könnten. Er wiederholte dies so oft, dass sich dieser Satz verfestigte und zu einem Teil seines Gehirns wurde, und viele sagten, er sei schon senil. Immerhin gelang es ihm noch, mit seinen Beziehungen die Ernennung seines Sohnes auf Kap Verde zu erwirken.

Aniceto war sechsundzwanzig Jahre alt. »Ich suchte Ruhm«, sagte er laut, und er verdeutlichte die Mutlosigkeit, die ihn später ergriffen hatte, durch einen tiefen Seufzer.

»Sie suchten eine schnellere Beförderung«, sagte Manuel António.

Aniceto senkte die Augen auf die Backgammonsteine, um die Verärgerung zu verbergen. »Vielleicht habe ich schnelle Beförderung gesucht«, gab er zu, »aber indem ich würdig meinem Vaterland diente.«

Er war voller Tatendrang und Eifer gekommen, hatte sich rasch in den lokalen Auseinandersetzungen, in der Ohnmacht versinken gesehen. Eine Zeit lang hatte er noch von heldenhaften Versetzungen in alle Winkel der Erde geträumt, wie er das Schwert ergriffe und gegen mit Federn geschmückte Kannibalen in Afrika kämpfte, wie er den Duft der Räucherstäbchen und Myrrhe im Orient einatmete, mit Maharadschas diplomatische Erörterungen führte und das Brüllen der wundervoll schwarz und gold gestreiften Tiger in dichten Wäldern von glänzendem und überwältigendem Grün hörte, wie er Gold- und Smaragdminen in Brasilien entdeckte.

Aber es war lediglich mit ziemlicher Regelmäßigkeit seine Bestätigung auf dem Posten des Kommandanten von Boa Vista gekommen. Sein Horizont war flach und salzig geworden wie der von Manuel António, aber nicht durch eigene Wahl. Aus Portugal schrieben ihm seine Eltern und versicherten ihm, der ausgedehnte Aufenthalt in königlichen Diensten sei eine große Gunstbezeigung.

Er hatte sich damit beschieden und versuchte, auf Boa Vista das portugiesische Reich zu errichten, so wie er es in seinen Überzeugungen und Träumen sah. Er zählte Salzsäcke und Steuern, verteidigte sich gegen Piraten, verteidigte sich vor allem gegen Fremde, die ungerührt die portugiesische Herrschaft ignorierten und auf die Inseln kamen, um sich mit allem Nötigen zu versorgen, so als ob die Inseln unbesiedelt seien.

Nach Ablauf von acht Jahren hatte Aniceto alles Warten und Hoffen aufgegeben und Filipa Ines geheiratet, Tochter einer Familie von Salzfabrikanten und -händlern, die sich einige Jahre zuvor auf der Insel niedergelassen hatten.

Deswegen begann der Gram von Aniceto beim Niedergang und Verfall der Sitten.

»Dom Aniceto!«, rief unser Vater dann, wenn sein Schwiegervater in diesen Träumen von Ruhm entschlummerte, während er auf dessen Spielzug wartete.

»Ich bitte um Entschuldigung, wenn ich Sie zu lange warten ließ, aber ich denke gerne über meine Züge nach.«

Dom Aniceto erwachte. Er vergaß die Fragen und erging sich in historischen Berichten.

Er erzählte zum Beispiel die Geschichte des Bischofs Dom Vitoriano – jeder Dieb wird hier Dom genannt, schob er ein –, der sich des Schatzes der Kathedrale bemächtigte, des Silbergeschirrs, der Lampen und Kandelaber, und des Gouverneurs

Jose Pinheiro da Câmara, der das Volk anstiftete, den diebischen Bischof zu töten. Es folgten, wie eine Litanei, die vielen Geschichten von bestechlichen Richtern, Gouverneuren, Obersten und Unteroffizieren.

Mehrmals hörte ich unseren Großvater diese Kette von Schändlichkeiten und Verrat erzählen. Es war wie ein orientalisches Märchen, wie die Geschichten aus *Tausendundeiner Nacht,* in denen eine Geschichte andere hervorbringt, indem in der Geschichte eine Figur eine neue Geschichte erzählt, ihre eigene oder irgendeine andere, in der diese Figur eingegangen und ein Stück weitergegangen ist, in einer Handlung, die den chinesischen Schächtelchen ähnelte, bei denen eines ein anderes enthält, das wiederum ein neues enthält und so fort – bis ins Unendliche, könnten wir sagen, wenn wir die Kraft hätten, bis in dieses Unendliche zu folgen. Unser Großvater erzählte die Geschichte von dem Dieb, der den Dieb beraubt hatte, der seinerseits betrogen worden war, und ich lauschte verzaubert dieser Kette von Gemeinheiten und wartete auf den gerechten Ausgang, die Bestrafung der Bösen, das strahlende Erscheinen der Kräfte des Guten.

Aber er schwieg unentschlossen, seufzte über die Schlechtigkeit der Zeiten, die Degeneration der Rasse, die Schwachheit des Glaubens. Dann schaltete sich unser Vater ein und erklärte, wie die Geschichte innerhalb der Geschichte innerhalb der Geschichte mit ihren konzentrischen Kreisen von Verrat und Verleumdung sich aus der Ignoranz heraus entwickelte, der dummen Feigheit, der finsteren Denkweise, die noch nicht durch das Licht der Vernunft aufgeklärt war. »Diebe sind das, die nicht säen und doch ernten, denn sie schöpfen in dieser unvollständigen Handlung ihre eigenen menschlichen Fähigkeiten nicht genügend aus. So beschneiden sie in jedem Augenblick die Möglichkeiten des Archipels und ihre eigenen«, sagte er. »Sobald dieser Archipel ein bisschen Reichtum hervorzubringen beginnt, sei es durch menschliches Geschick, sei es durch Jahre mit günstigem Klima, legt gleich irgendjemand Hand an diesen Reichtum, ohne zuzulassen, dass er sich vermehrt.«

Mein Vater sprach gut, er war ein Mann des Improvisierens, brillant im Gespräch – auch aufgrund dieses Geschicks, mit Worten umzugehen, machte er seinen Weg. »Die Klagen nützen nichts, wenn wir die Hintergründe nicht verstehen. Was nutzt es Ihnen, alle diese Widrigkeiten aufzuzeigen, wenn Sie nicht wissen, wie Sie sie beseitigen können? Das Leben kann kein Rosenkranz von Klagen sein, und die Nationen, die im Lamentieren versinken, beschleunigen nur ihren eigenen Untergang.«

Sie kehrten regelmäßig zum Meer zurück. Bei dieser Wendung des Gesprächs sprach Manuel António von neuen Routen, vom Fortschritt beim Schiffbau, von Kontakten und Handelsbeziehungen mit anderen Nationen. Über das Meer werde man die Reichtümer dieser Kolonie entwickeln können, damit diese zu einer Quelle für viele und nicht von einigen wenigen geplündert würden. »Der Reichtum, der die Bildung mit sich bringt und die Bedürfnisse stillt, schränkt den Spielraum der Raubgierigen ein, denen durch die Klarsichtigkeit und Kritik der anderen Grenzen gesetzt werden. Außerdem befriedigt das Anschwellen des Reichtums selbst die natürliche Habsucht der Mehrheit, und nur die lasterhafte Besitzgier einiger weniger bleibt übrig. Deswegen möchte ich diesen Erdstrich entwickeln«, schloss Manuel António.

»Und reich werden«, sagte Aniceto.

Das Thema des Reichtums beunruhigte Aniceto besonders. Er setzte ängstliche Hoffnungen hinein, die er nicht einmal sich selbst gegenüber zuzugeben wagte. »Reich werden, sicher«, sagte Manuel António ruhig. »Denn wenn das, was ich tue, einen Nutzen für andere hat, ist anzunehmen, dass es ihn auch für mich hat; außerdem: Nur durch meinen Wohlstand werde ich den Nutzen meines Handelns beweisen können.« Dom Aniceto dachte, dass an dieser Logik irgendetwas falsch sei. Er war nicht genügend im Bilde darüber, was in Europa diskutiert wurde, um die Gefahr ketzerischer Gedanken zu erkennen, aber er spürte oder erinnerte sich vage, dass solche Äußerungen nicht richtig sein konnten.

Da ihm Argumente fehlten, lenkte Dom Aniceto das Gespräch von Neuem zu seinen ineinander verketteten Geschichten, zu seinen konzentrischen Kreisen.

Die Seeräuber und Freibeuter kehrten wieder, die vielen Überfälle fremder Schiffe auf die Inseln, die sich in aller Ruhe versorgten, ohne um Erlaubnis zu bitten. Er verlor sich gerne in Geschichten über Cassart, den französischen Seeräuber, der kürzlich wieder die Inseln angegriffen hatte, und er schilderte ausführlich dessen Angriff auf Praia und Ribeira Grande. Niemand habe sich ihm entgegengestellt, das Heer von dreitausend Mann war bei der Arbeit auf den Fazendas und hütete die Herden des Gouverneurs Jose Pinheiro da Câmara, desselben, der Dom Vitoriano kurzerhand als Dieb verurteilt hatte. Auf diese Weise fand sich Cassart im Zentrum der Handlung, weil er jenen Gouverneur beschämenderweise zur Kapitulation brachte, der darüber hinaus dem Franzosen 60000 Silbermünzen zahlte. Die Eindringlinge nahmen sogar die Glocken mit – nahmen das mit, was die Gier des Bischofs vorher nicht an sich genommen hatte. Mein Großvater wurde traurig. Mein Vater antwortete ihm, dass es keine Verteidigung gegeben habe, weil die Soldaten mit den Feldarbeiten des Gouverneurs beschäftigt waren. »Auch heute kommt das noch vor«, sagten sie, »alle reden darüber. Es fehlt an Arbeitskräften auf diesen Inseln, und es ist keine Lösung, die Truppen bei der Ernte zu beschäftigen.«

Bei diesem Thema, dem Mangel an Arbeitskräften, bezeichnete er sich als Enkel von Luis Martins, einem der Gründungsmitglieder der Companhia do Cacheu e Cabo Verde, die Sklaven vom Kontinent auf die Inseln brachte. Ein Mann mit einer Vision, sagte Manuel António. Weder später, als er die Situation seiner Sklaven zu ändern begann, noch, als man die Sklaverei zu verurteilen begann, in heuchlerischer Weise die einen oder idealistisch die anderen, ging er davon ab, diese Vision seines tatsächlichen oder falschen Großvaters zu verteidigen. Er argumentierte, dass die Einsichten der Menschen immer an den verfügbaren Mitteln der Epoche zu messen sind und dass das leidvolle menschliche Streben immer die Abwägung zwischen zwei Übeln ist.

An anderen Tagen, und die waren seltener, fügte mein Vater seiner Geschichte weitere Einzelheiten hinzu. Er sagte, dass er widerspenstig die üblichen Auswege für die nicht erstgeborenen Söhne abgelehnt hatte, denn das Heer und das Kloster widerstrebten ihm in gleicher Weise, da man in beiden unterdrückende und unproduktive Tätigkeiten ausübe. Er erzählte dann mit tiefer Befriedigung, wie er sich für das Meer entschieden habe.

Davon, wie er von seinem Zuhause wegging nach Viana do Castelo, von seinen Anfängen und seinen Lehrjahren beim Steuern der Schiffe, die endlich unter seinem Kommando liefen. Über seinen Vater bemerkte er, dieser sei ein Mann, der völlig der Vergangenheit zugewandt sei und lediglich an die Reichtümer der Erde, vor allem der Weinberge, glaube. Wohingegen für ihn, Manuel António, die Welt dabei war, sich endgültig von diesen alten Bahnen zu lösen. Immer mehr zählten unterschiedliche Quellen des Reichtums: Erzvorkommen, Manufakturen, Erfindungskraft, seltene Güter in Europa, das immer erwartungsvoll auf orientalische Raffinesse schaue. Heimlich wurde er unterstützt von seiner Mutter Bernarda, italienischer Herkunft, dunkeläugig, in deren Art der Luxus der Renaissancehöfe lag und, aufgrund der Landverbindung über die sagenhafte Seidenstraße, der jahrhundertelange Umgang mit orientalischem Raffinement von Sultanen, Maharadschas und Mandarinen. Ja, vielleicht habe er diesen Geschmack an weiten Horizonten von seiner Mutter und mit Sicherheit einige ihrer Gewohnheiten.

Einige Male war es Manuel António, der sich im Spiel aufhielt, als ob er träume. »Haben Sie zu ziehen vergessen?«, drängte ihn der Schwiegervater.

Er hatte die Navigation erlernt und hatte im Alter von zwanzig Jahren das Kommando über eine Mannschaft übernommen. Von seiner Mutter und seinem Großvater mütterlicherseits weiter unterstützt, hatte er ein eigenes Schiff gekauft und konnte damit über Routen und Besatzungen, über Geschäfte und Prioritäten entscheiden.

Es waren diese mütterlichen Träume, die Aniceto am meisten beunruhigten. Sie schienen ihm am verfänglichsten.

»Sie erzählen mir so viele, ganz unterschiedliche Darstellungen«, murrte er manchmal. Manuel António betonte dann, dass seine Darstellungen sich nicht widersprächen, im Gegenteil, sie ergänzten sich. Manchmal steigerte sich der Ärger Anicetos: »Was hat sich wirklich zugetragen?«, beharrte er dann.

»Was ist die Wirklichkeit?«, hielt ihm der künftige Schwiegersohn entgegen.

Eben von ihr spreche ich, nicht von den drei oder vier Glaubenssätzen, die das ganze intellektuelle Vermögen der Mehrheit der Leute zu sein scheinen. Die Welt wird weiter in dem Maße wie die Gedanken der Menschen sich erweitern. Nicht vorher, nicht nachher. Der Ärger trieb Aniceto manchmal zu Ebenen der Beweisführung, die für ihn nicht üblich waren. »Nicht wir sind es, die die Welt erfinden, Gott war es, der alle Dinge erschaffen hat.«

»Ja«, sagte Manuel António und schaute auf das Meer am Horizont, »aber die Augen der Menschen öffnen sich und werden die göttlichen Beschlüsse nach und nach entdecken. Der Tag kommt, an dem jemand die bis dahin verborgenen Dinge entdeckt und davon erzählt und sie zeigt, und alle werden sie sehen.«

Mein Vater sprach gut, das Schreiben hingegen war für ihn nur ein Werkzeug. Dies war der Grund für unsere Meinungsverschiedenheiten. Er schrieb nur gelegentlich und sehr konkret: in Briefen, Petitionen und anderen Dokumenten, die für den Gang seiner Geschäfte und die Durchsetzung seines Willens unverzichtbar waren. Und er verstand weder Wünsche noch Meinungen, die sich von seinen unterschieden.

Das sanfte und liebevolle Schreiben, das wie ein Glücksgefühl, ein Liebesseufzer über die Dinge streift, den Hauch der göttlichen Schöpfung nachahmt und daher als inspiriert bezeichnet wird – dieses Schreiben erschien ihm als ein Spielzeug, ein Zeitvertreib für Kinder und Frauen, lediglich Zierrat des Lebens.

Von allem, was unser Vater erzählte, waren drei Dinge gewiss: Er stammte aus Braga, er verließ Portugal zwei Jahre vor seiner Ankunft auf Kap Verde, und seine Mutter war italienischer Abstammung.

Was hatte er in diesen zwei Jahren getan? Der wohlriechende Orient kehrte wieder, die Wale und andere Seeungeheuer, die kalten Fjorde mit winkenden blonden Frauen. All das, was sich so gut mit den eigenen Träumen meines Großvaters verband und sie verlängerte.

Kapverdische Literatur und nationale Identität

Amílcar Cabral

Wenn man sich in die kapverdische Dichtung vertieft, um ihren wahren Wert herauszufinden, erkennt man zwei klar unterscheidbare Phasen: eine, die dem Erscheinen der Zeitschrift *Claridade* vorausgeht, und eine, die mit ebendiesem literarischen Ereignis eingeleitet wird. Die Unterschiedlichkeit dieser beiden Phasen hat Osório de Oliveira zu der Behauptung verleitet: »Erst jetzt (d.h. mit der *Claridade*) kann man von kapverdischer Literatur sprechen.«

Soll das etwa bedeuten, all das, was vor den Beiträgen von *Claridade* geschrieben wurde, besitze keinen literarischen Wert? Sollte nur als wahre Dichtung gelten, was die Dichter der *Claridade* und ihrer Nachfolger schufen?

Die Dichtung der Kapverdischen Inseln kann wie jede andere nur verstanden werden, wenn man sie zur materiellen und menschlichen Umwelt des Dichters in Beziehung setzt. Darum ist es hilfreich, die Merkmale der kapverdischen Wirklichkeit zu bestimmen, die den Hintergrund zu den beiden erwähnten Phasen kapverdischer Dichtung bilden: der vor dem Erscheinen der *Claridade* und der, die mit der Zeitschrift beginnt.

Die erste, für die die Namen Eugénio Tavares, José Lopes, Januário Leite, Pedro Cardoso etc. stehen, zeichnet sich durch eine fast vollkommene Losgelöstheit von der Umgebung aus, durch eine Veredelung dichterischen Ausdrucks, die – ausgenommen einige Werke von Eugénio Tavares und Pedro Cardoso – nichts mit Land und Leuten des Archipels zu tun hat. In den Sonetten Januário Leites zum Beispiel drückt sich die rein gefühlsmäßige Reaktion des Dichters angesichts von Erscheinungen aus, die für ihn und nur für ihn von Interesse sind, während die Dichtung von José Lopes – mehr als die anderer Dichter – die Prägung durch die klassische Kultur widerspiegelt; einer Kultur, die von der jeweiligen Umgebung losgelöst ist und von der die ideologische Ausbildung der Dichter vor *Claridade* bestimmt wurde.

Ja ebendiese Ausbildung – die meist im Seminar von São Nicolau oder durch einen bemerkenswerten persönlichen Einsatz erworben wurde – ist für den Charakter der Dichtung vor der *Claridade*-Zeit verantwortlich. Mit dieser, bei einigen aus der erwähnten Dichtergeneration wirklich sehr vervollkommneten klassischen kulturellen Bildung vergaßen die Dichter Land und Volk. Die Augen fest auf das aus den Büchern Gelernte geheftet, was sie vielleicht für unübertrefflich hielten, kamen sie kaum über eine Imitation der ihnen bekannten Autoren hinaus und brachten eine Dichtung hervor, in der immer wieder die Liebe, das höchstpersönliche Leidensschicksal, patriotische Schwärmereien und melancholische Anwandlungen zum Thema gemacht wurden.

Das Verdienst einiger ihrer Werke soll nicht geleugnet werden. Gewisse Sonette von Januário Leite, Dichtungen von Eugénio Tavares, dieses oder jenes Werk von José Lopes und Pedro Cardoso sind von unbestreitbarem Wert. Wir können sogar feststellen, dass sich bei Eugénio Tavares (wenn er die Menschen und die Natur der Insel Brava besingt) und bei Pedro Cardoso (in seinen Übersetzungen von kreolischen Sprachweisheiten von der Insel Fogo) Ansätze dessen finden, was sich bei den Dichtern der neuen Generation durchsetzt: eine innige Gemeinschaft zwischen dem Dichter und seiner Welt.

Der Einfluss der klassischen Kultur macht sich ebenfalls in der Form der erwähnten Dichtung bemerkbar: in dem heiligen Respekt vor der Metrik, in der quälerischen Unterwerfung unter die Fesseln des Reimes.

Wie aber kann man hierin den Einfluss der sozioökonomischen Bedingungen auf die Dichter feststellen? Man überlege sich Folgendes: Das Volk lebt im Allgemeinen fernab von kulturellen und künstlerischen Ereignissen. Das Seminar auf der Insel São Nicolau kann nur von einigen wenigen besucht werden. Dort wird die klassische Kultur vermittelt und von denen, die das Glück hatten, in ihren Genuss zu kommen, fest übernommen. Und dieses Band ist so stark, dass die talentierten Seminarabgänger (oder die Autodidakten) von dem Moment an, wo sich ihnen die Tore zu einem Leben in gehobener Position öffnen, von der sie umgebenden Wirklichkeit nichts mehr wissen wollen oder sie vergessen. In ihnen gewinnt das rein Philosophische, Religiöse oder Moralische über das Ökonomische die Oberhand.

Oder besser gesagt: Gerade ihre ökonomische Lage erleichtert ihnen die Entfremdung von der kapverdischen Wirklichkeit. Land und Menschen sind weit entfernt. Das Volk, um mit den Strophen der Morna zu sprechen, besingt seine Leiden und Lieben, während die Dichter Sonette komponieren, in denen sie sich für irgendein Gefühl, die Zöpfe und Augen der Hegeria, die Schönheit Griechenlands oder ein berühmtes Ereignis der Weltgeschichte begeistern.

Doch plötzlich vollzieht sich die Wandlung. Die kapverdische Dichtung öffnet die Augen, entdeckt sich selbst, und ein neuer Tag bricht an. Helligkeit breitet sich aus und verleiht den Dingen der Wirklichkeit Gestalt, bezeichnet das Meer, die kahlen Felsen, das mit Krisen kämpfende Volk, den Kampf des »unbekannten« Kapverdianers, kurz, Land und Volk von Kapverde. Daher der glücklich gewählte Name der Zeitschrift, der auf diesen tiefen Wandel in der kapverdischen Dichtung hinweist, *Claridade,* Helligkeit.

Die Pioniere der *Claridade* sind unter anderen Jorge Barbosa Osvaldo Alcantara (Baltasar Lopes), Corsino de Azevedo, Manuel Lopes, Teixeira de Sousa, Jaime de Figueiredo.

Von nun an sind die Dichter ganz gewöhnliche Menschen, die mit dem Volk Hand in Hand gehen und mit beiden Beinen auf der Erde stehen. Die Kapverdischen Inseln werden nicht erträumt als Garten der Hesperiden, sondern als »Archipel« und »Umgebung«, wo die Bäume den Dursttod, die Menschen den Hungertod sterben – und wo dennoch die Hoffnung nie stirbt. Das Meer beherbergt keine Sirenen mehr, und die Wellen küssen auch den Strand nicht mehr. Das Meer ist Straße der Befreiung und des Heimwehs, die brausenden Wogen die ständige Versuchung und die immer wiederkehrende Erinnerung der »Verzweiflung, weggehen zu wollen und dableiben zu müssen«. Selbst ein »vom Vieh, das die Dürre tötete, gestampfter Weg« gewinnt Leben, genauso wie die »dünnen Kokospalmen« und der »blaue brennende Himmel, der keinen Regen verspricht«.

Die Heimaterde, »die Märtyrerheimat« ist die Mutter, die ihre Kinder »von der Zärtlichkeit ihrer Eingeweide ernährt«, die nicht gestorben ist, doch schlafend daliegt, »eine Erdkrume inmitten des Meeres«. Die Stimme des Dichters ist von nun an die Stimme des Landes selbst, des Volkes selbst, der kapverdischen Wirklichkeit selbst.

Wie kam solch eine tief greifende Veränderung in der kapverdischen Dichtung zustande? Inwiefern entspricht wohl solch ein Wandel einer Entwicklung im sozioökonomischen Ganzen? Beachten wir das Folgende: Das Volk hat weiterhin im Allgemeinen keinen Zugang zu kulturellen oder künstlerischen Ereignissen. Immer noch ist Kultur das Merkmal eines beschränkten Sektors der kapverdischen Gesellschaft. Doch gerade in diesem Sektor hat sich ein Wandel vollzogen.

Das Lyzeum von São Nicolau eröffnete mit der Demokratisierung der Ausbildung und der Konfessionsgebundenheit größere Möglichkeiten des Zugangs zur Kultur. Unter den Intellektuellen nahm die Zahl derer zu, die von sogenannten einfachen Leuten stammen. Darüber hinaus trat die Kerngruppe der kapverdischen Intellektuellen beim Wechsel von São Nicolau nach Mindelo, dem großen Hafen, enger mit der übrigen Welt in Kontakt. Und dort machte das Denken der Menschen Tag für Tag Wandlungen durch, dort nahmen ihre Ziele Gestalt an.

Die Veränderung ist also wirklich in der Hauptsache das Ergebnis dieses Kontaktes, im Wesentlichen des Kontaktes mit der Literatur der Metropolen und der Brasiliens. Tatsächlich zeigen die ersten Beiträge in *Claridade* einen gewissen Einfluss der literarischen Strömung mit dem Namen Presencismo und der damaligen brasilianischen Dichtung. Ein Einfluss, der auf die Veränderung in den Leitgedanken der kapverdischen Dichtung beschränkt blieb. Der Dichter sollte danach nicht mehr zu den Wolken hochblicken, sondern den Stoff für seine Dichtung in der ihn umgebenden Wirklichkeit suchen.

Leider hatte *Claridade* zunächst nur ein blitzartiges Auftreten. Doch es reichte, um der neuen kapverdischen Dichtergeneration zu klaren Vorstellungen und der Einsicht zu verhelfen, dass kapverdische Dichtung nur dann eine eigene Persönlichkeit und wirklichen Wert besäße, wenn sie ohne im Voraus formulierte Wünsche »Augen und Mund« des Trockenarchipels würde.

Nach Jahren erscheint die *Certeza,* ein leider nur kurzlebiges, von Schülern des Lyzeums gegründetes Blatt. Mit ihr vermitteln Arnaldo Franca, Nuno Miranda, Tomaz Martins, G. Rocheteau und andere junge Leute eine neue Botschaft und zeigen, dass sie die der Dichter von *Claridade* verstanden haben. Doch *Certeza* geht über das bloße Verständnis von *Claridade* hinaus. Die Dichter in ihrem Umkreis – deren Kontakt mit der Welt sich ständig ausweitet – fühlen und wissen, dass es über die kapverdische Wirklichkeit hinaus noch eine menschliche Wirklichkeit gibt, der sie sich nicht fernhalten können. Sie fühlen und wissen, dass nicht nur auf den Kapverden »Schreie die schweigende Nacht durchstechen« und »umherstreifende Männer die Sterne anstarren, die der nahende Morgen schnitt«. Und sie sprechen, sie wollen »ein Lied« sprechen, … »das auf den entlegensten Meeren kreuzt und in die Herzen der Menschen dringt«, … ein Lied in der Gestalt von Frieden und mit dem Relief der Hoffnung. Der Hoffnung.

Doch die Entwicklung der kapverdischen Dichtung muss weitergehen. Sie muss über Resignation und Hoffnung hinausweisen. Die »vollkommene Inselhaftigkeit« und die Dürren rechtfertigen keine ewige Stagnation.

Die von *Claridade* und *Certeza* vermittelten Inhalte müssen weiterentwickelt werden. Der Traum von Flucht und der Wunsch, »weggehen zu wollen«, dürfen keine ewige Gestalt annehmen. Der Traum muss anders lauten, und es ist Aufgabe der Dichter – derjenigen unter ihnen, die weiter Hand in Hand mit dem Volke gehen, mit beiden Beinen auf der Erde stehen und am täglichen Lebenskampf teilnehmen –, dieses Lied zu singen. In der Botschaft der Dichter wird der Kapverdianer mit ganz geöffneten Augen seinen eigenen Traum verstehen, seine eigene Stimme entdecken.

António Nunes und Aguinaldo Fonseca scheinen zur Avantgarde dieser neuen Dichtung zu gehören. Sie finden sich mit der Stagnation nicht ab. Das Meer ist nicht das Gefängnis.

Der Erste horcht auf Land und Menschen und träumt von einem anderen »Morgen«, dessen Möglichkeit er voraussieht. Er beschreibt die Veränderung, die vorgehen soll: »Anstelle der Felder mit nichts ...« Und er prophezeit der kapverdischen Heimat »das Lebendigwerden des Lebens«.

Der Zweite gibt »dem Schiffbruch zu Lande« seines Volkes in seiner ganzen Großartigkeit Ausdruck. Er bildet die »schweigsamen Menschen« ab, die »die Schmerzen der Mutter Heimat in einer Verlassenheit ohne Heilung« erleiden; der Menschen, die »im Kerker der Hoffnungslosigkeit gefangen« sind. Und sein Traum ist nicht der vom »Weggehenwollen«: Er ist – »Ein anderes Land in unserem Land«.

Als die Beagle in der Bucht von Praia ankerte

Charles Darwin

Nachdem es zweimal von starken südwestlichen Brisen zurückgetrieben worden war, segelte das Schiff Beagle, eine Brigg von zehn Kanonen unter dem Kapitän Fitz Roy, am 27. Dezember 1831 von Devonport ab. Der Zweck der Expedition war, die Aufnahme von Patagonien und dem Feuerland, die Kapitän King in den Jahren 1826 bis 1830 begonnen hatte, zu vollenden, die Küsten von Chile, Peru und einigen Inseln im Stillen Ozean aufzunehmen und eine Kette von chronometrischen Messungen rund um die Erde zu legen. Am 6. Januar kamen wir nach Teneriffa, durften aber nicht landen, da man fürchtete, dass wir die Cholera einschleppen würden. Am 16. Januar 1832 gingen wir vor Anker in Porto Praya auf St. Jago, der Hauptinsel des Kapverdischen Archipels.

Die Umgebung von Porto Praya bietet von der See aus einen trostlosen Anblick dar. Die vulkanischen Feuer vergangener Zeitalter und die sengende Hitze einer tropischen Sonne haben den Boden fast überall zur Hervorbringung einer Vegetation ungeeignet gemacht. Das Land erhebt sich in terrassenförmig aufgebauten Tafeln, die von einigen stumpfen konischen Hügeln unterbrochen werden, und den Horizont begrenzt eine unregelmäßige Kette von etwas höheren Bergen.

Die Landschaft, durch die dunstige Atmosphäre dieses Klimas betrachtet, ist sehr interessant – wenn ein Mensch, der eben eine Seereise hinter sich hat und zum ersten Mal in einen Hain von Kokospalmen tritt, überhaupt noch etwas anderes beurteilen kann als sein eigenes Glücksgefühl. Im Allgemeinen wird man die Insel als reizlos bezeichnen müssen; für einen Menschen aber, der an die englische Landschaft gewöhnt ist, besitzt der Anblick eines vollständig unfruchtbaren Landes eine Großartigkeit, die ein reicherer Pflanzenwuchs nur verderben würde. Kaum ein einziges grünes Blatt ist auf den weiten Lavafeldern zu entdecken; doch bringen es Ziegenherden wie auch einzelne Kühe fertig, dort zu leben. Selten regnet es; aber während einer kurzen Zeit des Jahres fällt der Regen in gewaltigen Strömen, und unmittelbar darauf sprießt aus jeder Spalte eine leichte Vegetation hervor. Bald verdorrt sie wieder, und von dem so von der Natur gelieferten Heu leben die Tiere. Jetzt hatte es ein ganzes Jahr lang nicht geregnet. Als die Insel entdeckt wurde, war die unmittelbare Umgebung von Porto Praya mit Bäumen bewachsen; die sorglose Abholzung hat jedoch hier wie auf St. Helena und einigen kanarischen Inseln eine fast vollständige Unfruchtbarkeit hervorgebracht.

Eines Tages ritten zwei Offiziere und ich nach Ribeira Grande, einem Dorf, wenige Meilen östlich von Porto Praya gelegen. In einer Stunde gelangten wir nach Ribeira Grande, wo wir zu unserer Überraschung die Ruinen einer großen Festung und einer Kathedrale fanden.

Dies kleine Städtchen war vor der Versandung seines Hafens der wichtigste Ort der Insel. Jetzt bietet es einen melancholischen, aber sehr malerischen Anblick dar. Nachdem wir einen schwarzen Pater als Führer und einen Spanier, der im spanischen Krieg der Engländer gegen Napoleon I. Dolmetscher gewesen war, in unsere Dienste genommen hatten, sahen wir eine Reihe von Gebäuden an, von denen eine alte

Kirche das Hauptstück war. Hier sind die Gouverneure und Oberbefehlshaber der Insel beigesetzt. Einige der Grabsteine trugen Daten aus dem 16. Jahrhundert. Die Kirche oder Kapelle stand an der einen Seite eines quadratischen Hofes, in dessen Mitte eine Gruppe von Bananen wuchs. Auf der anderen Seite stand ein Hospital mit ungefähr einem Dutzend elend aussehender Insassen.

Ehe wir die Stadt verließen, besuchten wir noch die Kathedrale, die zwar nicht so reich zu sein scheint wie die unscheinbarere Kirche, sich aber einer kleinen Orgel rühmt, die merkwürdig unharmonische Schreitöne hervorbringt. Wir beschenkten den schwarzen Priester mit ein paar Schillingen, und der Spanier sagte, indem er ihm auf die Schulter klopfte, er hoffe, dass seine Farbe nichts weiter zu bedeuten habe. Darauf kehrten wir nach Porto Praya zurück, so schnell die Pferde laufen wollten.

Von Porto Praya ging dann die Fahrt über den Atlantik nach St. Paul (São Paulo), das am 16. Februar 1832 erreicht wurde.

Erlebnisse eines Forschers auf den Inseln des grünen Vorgebirges anno 1838

Samuel Brunner

Nachdem ich eine gute Strecke zwischen lauter Landhäusern und Pflanzungen hingezogen, wendete sich die Straße bergan, und bald standen wir vor der Behausung der Madame Sena, Mutter der Kapitänsfrau, welche Letztere jetzt, ebenso unverhofft als ich die Insel, ihre Familie noch einmal wiedersah. Auch der Portugiese Nummer sechs befand sich bereits mit seinem Weibe da, die stärkende Gebirgsluft so lange wie möglich zu atmen. Da wir auf unbestimmte Dauer zu Gaste gebeten waren, ließ uns Senhora Maria den Schlüssel eines ihr angehörigen, leer stehenden Hauses in einiger Entfernung von ihrer Wohnung verabfolgen, da denn der Portugiese und ich im vorderen Salon, seine Frau aber im anstoßenden Kabinett an der Erde ausgebreitete Lager fanden, einen riesenmäßigen Tisch, aber fast gar keine Stühle. Die Scheiben der Fenster waren teils zerschlagen, teils abgestorben, und luftig pfiffen Wind und Regen durch die Laterne.

Umgeben stand unsere Wohnung von Bäumen verschiedener Art: Agrumen, Kaffee und eine Art von Erythrina mit großen ziegelroten Blüten, welche aber beim Abtrocknen so auseinanderfielen und wegfaulten, dass es unmöglich war, die Spezies zu bestimmen. Auch hat dieser, vermutlich aus Brasilien eingeführte, Baum, laut bestimmter Versicherung hiesiger

Kolonisten, trotz der Stärke verschiedener Exemplare, niemals Hülsen angesetzt, sodass selbst die Aussicht auf Anbau im Glashause für mich zu Wasser wurde. Künftige Naturforscher mögen daher auf jene am leichtesten wahrzunehmende Zeile dieser Bäume Acht nehmen, welche in einem längs der Straße zwischen Kirche und Westende des Dorfes sich hinziehenden Graben stehen und mit ihren, freilich nur sparsam blühenden Kronen an die Höhe der Vorübergehenden hinaufreichen. Eine noch unbeschriebene Art dürfte es jedoch schwerlich sein.

In Senhora Senas Hauswirtschaft sah es nun ungefähr auf gleichem Fuße aus wie in der oben geschilderten von Pico; die Eleganz des 17. Jahrhunderts schien da noch an der vollen Tagesordnung. Wie dort war auch hier Brot ein fast unbekannter Artikel und wurde durch ziemlich wohlschmeckende, aber schwer verdauliche Maiskuchen ersetzt. Dagegen stand, des bequemeren Herbeischaffens wegen, Wein zur Verfügung. Doch nicht Braveser, wie man nach der auf der Insel betriebenen Rebenkultur schließen sollte, sondern echter Portugiese; denn jener schmeckt (wohl hauptsächlich oder einzig durch Schuld der Bereiter) gerade wie schaler, roter Weinessig.

Kaffee, Papayen und Bananen werden hier zu ganzen Wäldchen gepflanzt, und Letztere ziehen sich weit durch die Schluchten der das Tal begrenzenden Felsen hinan. Ihre Früchte müssen aber denjenigen von St. Jago an Güte merklich nachstehen; Palmen kommen hier (ob des kühleren Klimas wegen oder aus andern mir unbekannten Gründen) ebenso wenig vor; wegen Mangel an fließendem Wasser kann auch kein Zuckerrohr angepflanzt werden, und Windmühlen müssen den köstlichen Strom ersetzen. Alles in der Haushaltung erforderliche Wasser holen sich die drei- bis viertausend Einwohner in einer gen Südwesten sich herunterziehenden Kluft, und bleiben, was öfters geschieht, die periodischen Regen ganz oder großenteils aus, so läuft die gesamte Bevölkerung

Bravas sowohl als der übrigen kapverdischen Inseln die entsetzliche Gefahr, nicht bloß zu verdursten, sondern, wegen des dadurch entstehenden Misswachses, zu verhungern. Ihr Los ist darum, trotz aller anscheinenden Vorteile des Himmelsstriches, noch weit weniger als das tätig-vulkanischer Gegenden zu beneiden, am wenigsten aber von Schweizern, denen das herrlichste Bergwasser sozusagen unter jedem Kiesel entgegenspritzt.

In diesem Jahre schien es aber freilich nicht so schlimm werden zu wollen, denn, wie schon bemerkt, die am Festlande Afrikas bereits begonnene Regenzeit fing auch hier sich wenigstens vorzubereiten an. Bloß der erste Nachmittag meines Aufenthaltes im Dörfchen Brava war hell und gewährte, von der Terrasse der Sena aus, einen köstlichen Überblick des lachenden bebauten Tälchens, des Meeres und der in geringer Entfernung aus ihm emporstrebenden Vulkaninsel Fogo, deren höchste Spitze aber leider von einer nähern, etwas niedrigeren, Anhöhe (dank der natürlichen Perspektive ganz allein) von hieraus verdeckt wurde. Wer die Bucht von Neapel kennt, mag sich nach der Aussicht von der Höhe des Posillipo aus allenfalls einen Begriff von dieser machen. Schnell holte ich in meinem Quartiere Skizzenbuch und Bleistift, weil ich mich auf solchen Anblick nicht im Voraus versehen; allein schon waren, bei meiner Rückkehr, die Nebel wieder zusammengeflossen und blieben es auch die ganze Zeit unseres Aufenthaltes hindurch. *Occasio praeceps! O quantum tibi de mortalibus ludibrium!*

Da sie allmählich dichter und dichter wurden, so nahm auch die unten am Hafen fühlbare schwüle Hitze von Stunde zu Stunde ab, ja es trat eine Witterung ein, wie sie etwa bei uns im Oktober herrscht, bloß um etwas weniges wärmer. Saftige Bananenstauden sich in Nebel verlieren zu sehen, ist ein allzu schneidender Kontrast, um nicht jedem aufzufallen. Aber auch die übrige Vegetation versetzte mich teilweise in europäisch-südliche Gelände. *Ficus carica* trat hier an der Stelle der Sykomore, und neben *Eleusine indica, Capsicum frutescens* und *Diclyptera umbellata,* welche noch der afrikanischen Flora angehören, reihte sich nicht bloß das amerikanische Mutterkraut *Chenopodium ambrosioides* (welches schon auf den Azoren und Madeira wächst), sondern auch *Oxalis corniculata* und *Filago gallica.* Sonst schien mir die Insel nicht eben sehr reich an Mannigfaltigkeit der Gewächse, und ich muss, bei ihrem Mangel an Quellen und Bächen, zweifeln, ob sie es überhaupt sei. Offenbar aber ist die heutige so liebliche, jedoch beschränkte und von steilen Abstürzen rings umgebene Hochebene nichts weiter als der verwitterte Krater eines seit undenklichen Zeiten erloschenen Vulkans, woraus, wie auch Stromboli und die nahe Fogo selbst, die kleine Brava damals bestand. Sowie nun St. Jago zum weitaus größeren Teile vom eingeborenen Negerstamme bewohnt wird, ist dagegen auf Brava, mehr denn auf seiner andern kapverdischen Insel, die weiße Rasse vorherrschend, welches daher rührt, dass sie seit geraumer Zeit zum Verbannungsorte deportierter Portugiesen dient, welche man nicht gerade zum Sterben schicken mag, als wie jene nach Bissaô und Kacheo, ihrer aber doch gerne ein bisschen loswird. Den Kaninchen gleich hat sich denn auch diese unzerstörbare Brut vermehrt, wie sonst nirgends, und da sie auf ihrem beschränkten Fels sichere Schlupfwinkel sowohl an zwei sehr stillen Buchten besitzt, möchte ich, im Fall eines der zur Mode gewordenen Losreißungskriege, nicht dafür stehen, dass dies nicht dereinst ein sehr gefährliches Seeräubernest werden könnte. Jedenfalls liegen alle Elemente hierzu vorhanden und bedürfen bloß einer Gelegenheit. *Bravo, Brava* heißt im Portugiesischen wild, unbändig; ob sich dieses auf das schroffe Aussehen der Küsten oder aufs Gemüt der Einwohner beziehe, lasse ich unerörtert.

Eine abenteuerliche Reise im kapverdischen Archipel vor hundert Jahren

Immanuel Friedlaender

Eine Reise nach den Kapverdischen Inseln ist heutzutage noch immer etwas ziemlich Ungewöhnliches; zwar fährt eine große Anzahl von Dampfern, die sich von Europa auf dem Wege nach Südamerika befinden, an diesen Inseln vorbei, und einige Linien halten der Kohlen- und Telegrafenstation wegen im Hafen von S. Vicente, aber nur wenige Passagiere gehen an Land, und auch diese nicht etwa, um auf der Insel zu bleiben, sondern nur um in einem der beiden kleinen Hotels oder in der großen italienischen Bar eine Erfrischung zu nehmen und das Leben und Treiben der harmlosen Negerbevölkerung kennenzulernen. Die Telegrafenstation beschäftigt etwa hundert europäische, meist englische Angestellte. Die verschiedenen Kohlenhandlungen haben im Ganzen etwas über dreißig englische Beamte. Dazu kommt an Weißen noch die kleine portugiesische Garnison und die portugiesischen Beamten, der englische Konsul, zwei englische Pfarrer, der französische Konsul und eine geringe Anzahl von anderen europäischen Ansiedlern, die meistenteils Kaufleute sind. Sie alle kennen kaum mehr als den Hafen von S. Vicente, allenfalls machen sie Ausflüge auf der Insel. Die Nachbarinseln besuchen sie selten. Zweimal im Monat soll ein portugiesischer Dampfer eine Rundtour machen, doch wird diese Rundtour nicht immer regelmäßig ausgeführt, da Quarantänemaßregeln und Havarien nicht selten sind, und als ich dort anlangte, hatten die meisten Inseln seit einigen Monaten keinen Dampfer zu sehen bekommen.

So kommt es, dass der ganze Archipel heutzutage noch immer nahezu ebenso unbekannt ist, wie er vor dreißig Jahren zur Zeit des Besuches durch Professor Doelter war. Wer die Inseln wirklich besuchen will, muss sich immer noch den kleinen Segelbooten der Neger anvertrauen, und das gehört, wie schon Doelter beschrieb, nicht zu den Annehmlichkeiten des Lebens.

Von Neapel fuhr ich Anfang April 1912 zusammen mit meinem alten Vesuvführer auf einem Dampfer der Deutsch-Ostafrika-Linie nach Lissabon, wo ich dem Ministerpräsidenten Doktor Augusto de Vasconcellos meine Aufwartung machte und ein Einführungsschreiben an den Gouverneur der Inseln erhielt. Am nächsten Tage schiffte ich mich auf einem englischen Dampfer nach S. Vicente ein.

Schon bei der Ankunft im Hafen von S. Vicente erfuhr ich von einem kleinen halbweißen Jungen, der an Bord kam, dass mein Landsmann Prof. Bergt, den ich noch in S. Vicente anzutreffen hoffte, vor einigen Tagen abgereist sei. An Land erhielt ich einen Brief von ihm, worin er mir das kleine Hotel Brazileiro empfahl, in dem ich auch tatsächlich ganz gut aufgehoben war, wenn es auch von den beiden im Ort befindlichen Hotels das kleinere ist. Das Publikum bestand hier aus portugiesischen Beamten und Kaufleuten, und Reinlichkeit und Kost waren für nicht verwöhnte Ansprüche durchaus zufriedenstellend.

Das Innere der kleinen Insel konnte ich in einer Reihe von

Tagesausflügen kennenlernen, ohne irgendwo außerhalb der Stadt übernachten zu müssen. Es hielt auch nicht schwer, ein kleines Segelboot zu mieten zum Besuch der benachbarten Inseln S. Luzia, Razo und Branco. Der Kapitän war ein Mulatte, der früher längere Zeit in Genua gelebt hatte und vor einigen Jahrzehnten sich an der inzwischen durch die japanische Konkurrenz unmöglich gemachten Korallenfischerei der Italiener beteiligt hatte. Als ich nach nicht ganz zwei Wochen mit der Untersuchung der Insel S. Vicente und der S.-Luzia-Gruppe nahezu fertig war, fand sich eine Gelegenheit, auf dem Auswandererdampfer Fortuna von S. Vicente nach der Insel Fogo zu fahren. Der Dampfer Fortuna hatte vollständig schwarze Besatzung; Kapitän und Offiziere sowie Mannschaft waren entweder Mulatten oder Neger von den Kapverden. Nur Arzt und Maschinist waren Amerikaner.

Der Dampfer hatte im Hafen von S. Vicente einige Schwierigkeiten, da er Kohlen und Wasser nicht zahlen konnte, doch fand sich ein Kaufmann, der die Summe auslegte und eine Eintragung zur Sicherung seiner Forderung auf den Dampfer machte. Der Dampfer fuhr zunächst nach Praia auf der Insel S. Thiago, wo er über einen Tag hielt, sodass ich an Land gehen und die Umgebung der Stadt ansehen konnte. Ich hatte etliche Empfehlungsbriefe für Praia an den Gouverneur, an den englischen und deutschen Vize-Konsul (der beide und noch mehr Ämter in einer Person vereinigte) und an verschiedene Kaufleute. Am meisten Förderung und freundliche Aufnahme fand ich jedoch bei einem portugiesischen Kaufmann, Herrn José Costa, den ich bei meiner Landung kennenlernte, obwohl ich keinerlei Empfehlung an ihn besaß.

Schon am Abend des nächsten Tages schiffte ich mich wieder ein und beobachtete in der Nacht mit einiger Angst die recht wenig geschickten Manöver, die der Kapitän anstellte, um das Schiff aus dem Hafen herauszubringen. Er hatte keine

Ahnung davon, wie man mit einem Doppelschraubendampfer, wie die Fortuna, umzugehen hat und wie bequem das Wenden ist, wenn man nicht stets beide Maschinen gleichzeitig vor- oder zurücklaufen lässt, sondern zum Wenden die eine vor- und die andere zurücklaufen lässt. Einesteils der schlechten Luft und der Unreinlichkeit wegen, andererseits aber wegen der offenkundigen Gefahr zog ich vor, nachts an Deck zu bleiben und mich neben einer Holzladung niederzulegen, um für alle Fälle gesichert zu sein. Die Manöver waren übrigens auch den anderen Passagieren nicht ganz vertrauenerweckend; soweit ich zählen konnte, waren sechzehn von diesen Passagieren auf die Kommandobrücke gestiegen, um dem Kapitän ihren wohlweisen Rat zu geben. Kapitän, Offiziere, Mannschaft und Passagiere waren großenteils nicht nüchtern. In der Nacht fuhren wir an der steilen Küste der Insel Fogo vorbei. Der Kapitän sorgte dafür, dass ich die Küste, soweit dies bei Mondschein möglich war, beobachten konnte, indem er mich durch fürchterliches Pfeifen mit der Dampfpfeife weckte. Dieses Pfeifen hatte den Zweck, die auswanderungslustigen Einwohner der Insel Fogo auf das Herannahen des Dampfers aufmerksam zu machen, damit sie sich auf dem Hafenplatze von S. Filippe einfinden sollten. Da während der Dunkelheit an eine Landung in S. Filippe nicht zu denken war, fuhr der Kapitän weiter nach der Insel Brava, die nur neun Seemeilen weiter westlich liegt, und machte sich auch hier durch das Getöse der Dampfpfeife bemerkbar. Es gelang ihm aber nicht, sich mit dem Lande in Verbindung zu setzen. Die See ging hoch, und der Dampfer wurde von der Strömung nach Norden abgetrieben gegen die Punta Jalunga zu. Ein Boot kam von der Küste bis auf einige Entfernung heran, und verschiedenerlei laute Zurufe wurden gewechselt und trotz des Getöses des Meeres zum Teil vielleicht verstanden. Jedenfalls wussten nun die Einwohner von Brava, dass der Dampfer endlich eingetroffen sei und demnächst von Fogo nach dem gelobten Land Amerika abgehen würde. Nach der Abfahrt von Brava stieg auch ich auf die Kapitänsbrücke und fand in dem schwarzen Kapitän einen außerordentlich liebenswürdigen und höflichen Herrn. Er war heilfroh, von der Küste von Brava abgekommen zu sein und demnächst sein Schiff nach Fogo bringen zu können, wo es einen anderen Kapitän und zum großen Teil auch andere Bemannung bekommen sollte. Ihm war die Führung dieses Dampfers mit dieser Mannschaft offenbar selbst durchaus unheimlich geworden. Gegen acht Uhr morgens gingen wir vor S. Filippe vor Anker und konnten von Bord aus das schöne, aber wenig einladende Spiel der haushoch brandenden Wellen beobachten. Erst nach etlichen Stunden entschlossen sich einige Boote, von einer geschützten Stelle der Küste aus sich herauszuwagen. Ich zog aber namentlich der Sicherheit meines Gepäcks wegen vor, noch einige Stunden länger zu warten, und erst gegen Mittag vertraute ich mich und meinen italienischen Begleiter sowie mein Eigentum einem der Boote an. Mein Begleiter zeigte beim Passieren der Brandung einige Angst, aber ich muss gestehen, dass ich mich in diesem kleinen Boot, das von äußerst geschickten Ruderern geführt wurde, trotz der hohen Brandung sehr viel wohler und sicherer fühlte als an Bord des Dampfers, den ich eben verlassen hatte. Das Boot lief auf dem schwarzen Sande der Küste auf und wurde schnell heraufgezogen. In der Stadt fand ich nach einigen Weitläufigkeiten eine leer stehende Wohnung als Quartier, die mir dann mithilfe etlicher Gastfreunde auch möbliert wurde, und in einem dort ständig betriebenen kleinen Restaurant sehr reichliche und gute Verpflegung. Die Reise nach dem Innern der Insel musste ich zu Esel oder Maultier unternehmen. In den kleinen Ansiedlungen des Innern fand ich überall mithilfe der vom Bürgermeister und von anderen ausgestellten Empfehlungsbriefe gastliche

Aufnahme, besonders günstig war für mich, dass am Fuß des Pico in der Kraterebene des Chão eine Wasserleitung im Bau war und dass ich bei dem Aufseher der Bauarbeiter Luis Delgado auch in dieser Wildnis freundliche Aufnahme und gute Verpflegung fand. Leider war der erste durch den Bürgermeister empfohlene Führer durchaus untüchtig, kannte weder die Ortsnamen noch die Wege und benützte die Gelegenheit, mir Riemenzeug und andere Kleinigkeiten zu stehlen. Auf einer meiner ersten Touren kam ich mit diesem Führer zu einem Ziegenhirten, der nahe am Rande des Hochgebirges der Serra wohnte, und war infolge der durch meinen Führer gegebenen falschen Information gezwungen, dort zu übernachten, anstatt wieder nach dem Ort zurückkehren zu können. Zwar war die Nacht dort oben durchaus nicht angenehm, da wir, abgesehen von der Kälte, von unzähligen Wanzen gepeinigt wurden, aber ich lernte in dem schmutzigen Ziegenhirten eine sehr wertvolle Persönlichkeit kennen. Zunächst besaß der Mann einen wirklich prächtigen Esel, der weit besser war als die Tiere, die man mir in der Stadt vermietet hatte, und den ich sofort samt seinem Besitzer engagierte. Außerdem besaß er, was ich im Laufe der Weiterreise auf der Insel schätzen lernte, eine recht große Kenntnis der Gebirgswege und der Ortsnamen und hatte an allen Orten der Insel gute Freunde. An vier oder fünf Orten besaß er auch je eine Frau und Kinder. Das ist auf den Kapverdischen Inseln nun einmal so Sitte. Die Familien sind oft sehr zahlreich. Einer meiner Bekannten auf diesen Inseln soll, wie mir erzählt wurde, im Ganzen zweiundsechzig Geschwister besitzen, da sein alter Vater dreiundsechzig – selbstverständlich nicht lauter eheliche – Kinder hinterlassen hatte. Ein Grundbesitzer, bei dem ich zu Gaste war, gab mir bei Tisch in Gegenwart seiner Frau und halb erwachsenen Töchter auf die Frage, wie viel Kinder er hätte, die Antwort: Vier von meiner Frau und fünf außerdem.

Die Insel S. Vicente hatte landschaftlich zwar einige ganz hübsche Bilder, doch nichts Hervorragendes geboten, auf Fogo konnte ich aber eine der großartigsten Landschaften kennenlernen, die ich je gesehen habe. Der Blick von der Serra (entsprechend der Somma) nach dem halbkreisförmigen Tal des Chão und nach dem Pico ist von überwältigender Schönheit, und eine Wanderung in dem flachen Tale des Chão am Fuße der über 1000 Meter aufragenden Kette der Serra mit dem Blick auf den sich von hier noch über 1200 Meter hoch erhebenden Zentralkegel lässt sich nur mit wenigen anderen vulkanischen Landschaften vergleichen. Die Ähnlichkeit mit einer Wanderung im Atrio des Vesuv ist allerdings unverkennbar, aber die Größenverhältnisse sind auf Fogo derartig überwältigend, dass sie den Eindruck, den die immerhin sehr lohnende und schöne Wanderung im Atrio del Cavallo am Vesuv machen kann, ganz in den Schatten stellen. Anschließend an die Besteigung des Pico machte ich eine Rundtour um die Insel und machte dann von S. Filippe aus noch eine Reihe kleiner Touren, unter anderem nach dem M. Nhuco, wo sich eine berühmte Höhle befindet, die Grotte Ghôn Ghôn. (Ghôn Ghôn ist ein Negerausdruck, der etwa Seele der Toten oder Gespenst bedeutet.) Eine kleine Art von im Dunkeln lebenden Vögeln (nicht Fledermäusen), die früher dort vorhanden gewesen sein sollen, wird auch mit dem Wort Ghôn Ghôn bezeichnet.

Die Höhle ist ein gewöhnlicher Lavatunnel und ist auf über 800 Meter zugänglich; dann wird sie durch einige Blöcke verschlossen. Sie bietet schöne Gelegenheit, sich auf dem Rückweg zu verirren, da der Tunnel nach unten hin sich in drei Arme gabelt, von denen aber nur einer, eben derjenige, von dem man hineinkommt, eine Verbindung nach außen hat; außerdem findet an zwei Stellen eine Gabelung und eine Vereinigung der Zweige des Hauptarmes statt. Der Boden der Grotte wird zum Teil von Schlamm bedeckt, und es war interessant, dass wir in diesem Schlamm Fußstapfen von Damenschuhen finden konnten und am Schluss der Grotte auch noch zwei vergilbte Visitenkarten fanden. Es stellte sich heraus, dass zwei Mädchen vor über zwölf Jahren in der Grotte gewesen waren. Eine der beiden Damen, die natürlich längst verheiratet war, lernte ich kennen, und ich ließ mir von ihrem Besuche in der Höhle erzählen.

Von Fogo wollte ich nach der Insel Brava, und ich wartete ungeduldig auf ein Segelboot, das mir der englische Konsul aus S. Vicente schicken wollte. Schließlich entschloss ich mich, auf einer großen portugiesischen Barke nach Brava abzufahren, obwohl der Zustand dieser Barke nicht vertrauenerweckend war. Wir kamen auch mit diesem Unglücksschiff bis nahe an den Hafen von Furna, wurden aber nach Süden abgetrieben, sodass der Kapitän umkehren musste und nach einiger Zeit das Einsegeln in den Hafen von Furna noch einmal probierte. Es gelang nicht, und einige Segel gingen in Fetzen. Nachdem sich dieses Spiel dreimal wiederholt hatte, beschloss er glücklicherweise, ehe er alle Segel verloren hatte, die Heimkehr nach Fogo, und nach zweiundzwanzigstündiger Fahrt konnten wir in der Nacht in der Reede vor S. Filippe Anker werfen. Sehnsüchtig schaute ich nach dem Auftauchen irgendeines anderen Fahrzeuges aus, und endlich erschien im Osten ein kleines weißes Segel. Es war ein Schoner von der Insel Boa Vista, der Kalk nach Fogo brachte und dort andere Beschäftigung suchte. Da mein Schiffchen aus S. Vicente immer noch nicht eingetroffen war, machte ich mit dem Kapitän des Schiffes aus Boa Vista, das den Namen Manlio führte, mithilfe des Stadtsekretärs der Insel Fogo einen förmlichen Vertrag, indem ich das Schiff auf drei Monate charterte. Selbstverständlich kam noch am selben Abend der Schoner an, den der englische Konsul in S. Vicente für mich besorgt hatte. Es war dasselbe Schiff, das mich nach S. Luzia gebracht hatte. Der Kapitän gab zu, dass er sich unterwegs wegen etlicher Privatgeschäfte aufgehalten hätte, und so hatte ich auch keinerlei Zahlung für das Schiff zu leisten. Der Manlio war ein Schiff von neunundzwanzig Tonnen, der Kapitän ein Mulatte von der Insel Boa Vista, und auch die Bemannung, ein Steuermann und fünf Matrosen, waren Eingeborene von Boa Vista. Das Schiff war von einem italienischen Zimmermann in S. Vicente gebaut, hatte eine kleine, leidlich saubere Kabine, die wunderbarerweise von Wanzen frei war und nur wie üblich von unzähligen Küchenschaben bewohnt wurde. Bei frischem Winde brachte mich mein Schiffchen am nächsten Tage in anderthalb Stunden nach dem Hafen Furna auf der Insel Brava. Vom Hafen aus ritt ich zur Hauptstadt hinauf und traf dort den Bürgermeister beim Vorbereiten eines großen Festes, das an diesem Tage (einem Sonntage) auf gemeinschaftliche Kosten und zur gemeinschaftlichen Ehrung verschiedener Familien gefeiert werden sollte. Der Bürgermeister entschuldigte sich, dass er mich und meinen Begleiter nicht zu sich einladen konnte, bat uns aber, dafür an dem Fest teilzunehmen, und besorgte mir in einem schönen kleinen Häuschen eine ganz nette Wohnung, die er mir zum Teil mit eigenen Möbeln, zum Teil mit denen von Freunden einrichtete. Den Nachmittag und Abend verbrachten wir bei dem Fest, das größtenteils im Garten des erwähnten Hauses gefeiert wurde. Lange Tafeln waren im Garten aufgestellt, und ein recht prächtiges Diner wurde serviert. Nachher gab es Musik und Tanz, und man konnte die zahlreichen hübschen Mädchen von Brava bewundern. Die Insel Brava hat jedenfalls von allen Inseln der Gruppe die hübscheste Bevölkerung. Die Einwohner sind mit Ausnahme weniger, in allerjüngster Zeit eingewanderter Mulatten und Neger, echte weiße Portugiesen von der Insel Madeira, und auch anderes europäisches Blut ist vertreten.

Die Bereisung des Innern der kleinen Insel Brava machte trotz der guten Reittiere, die ich bekam, trotz der freundlichen Aufnahme an allen Orten und trotz der vorzüglichen Verpflegung, die ich im Hause des Bürgermeisters erhielt, nicht geringe Schwierigkeiten. Die Wege sind im Allgemeinen recht schlecht, und in der Jahreszeit, in der ich die Insel besuchte (Ende Mai), waren die höheren Teile der Insel meistenteils im Nebel, sodass es schwerhielt, eine Übersicht zu gewinnen und eine Kartenskizze anzufertigen.

Die portugiesischen Karten der Insel beruhen auf den Aufnahmen von José de Senna Barcellos, der selbst von der Insel Brava stammt, aber gerade die Insel Brava am schlechtesten und unvollständigsten dargestellt hat. Gleich am Anfang meines Aufenthaltes machte ich mit meinem Schiffchen unter Führung eines alten italienischen Lotsen, der jetzt Hafenwärter in Furna ist, eine Rundfahrt um die ganze Insel Brava und besuchte auch die westlichste der Rombo-Inseln. Die übrigen Rombo-Inseln besuchte ich später von Furna aus in einem großen Ruderboot. Charakteristisch für die Einwohner der Insel ist außer ihrer großen Liebenswürdigkeit ihre Freude an Blumen. Es gibt kein Haus ohne einen kleinen Garten mit schönen Blumen, und es verging kein Tag, an dem ich nicht von Kindern Blumensträuße geschenkt erhielt.

Während ich auf Brava war, traf dort ein Hamburger Kaufmann ein, der jedoch bald seine Geschäfte auf der Insel erledigt hatte und sich nach einer Gelegenheit sehnte, die Insel wieder zu verlassen. Ich lieh ihm dazu meinen Schoner, den ich zurzeit nicht benötigte. Nach etwa vierzehntägigem Aufenthalt verließ ich die Insel wieder mit meinem Segelboot. Zwar sollte gerade seit einigen Tagen nach mehrmonatlicher Pause wieder der portugiesische Postdampfer eintreffen, aber er kam eben nicht. Warum, wusste natürlich kein Mensch. Ich lief deshalb noch einmal die Insel Fogo an, um meinen Landsmann von der unfreiwilligen Haft auf der Insel zu befreien, aber er und sein portugiesischer Begleiter hatten einen derartigen Respekt vor dem höllischen Geschaukel meines Bootes bekommen, dass sie dasselbe nicht mehr betreten wollten, und außerdem glaubten sie, dass der portugiesische Dampfer jeden Tag eintreffen müsste. Dieser erfreuliche Glaube wurde ihnen durch einen mehr als einmonatlichen Aufenthalt auf der schönen Insel Fogo belohnt, und so hatte mein Landsmann die Gelegenheit, die großartige Landschaft des Chão kennenzulernen.

Von Fogo fuhr ich weiter nach der Insel S. Thiago, wo der in Fogo erwartete Dampfer mit gebrochener Schraubenwelle lag. Herr Costa stellte mir für die Bereisung des Innern zwei prächtige Maultiere kostenlos zur Verfügung und besorgte mir außerdem einen recht guten und anständigen Neger als Führer. In dem oberen Teil des Tales dos Orgãos besaß ein Sozius und Verwandter des Herrn Costa, Herr Raoul Barbosa, bei Pedra Janella eine schöne Kaffeeplantage, und dort konnte ich mein Standquartier für die Besteigung des Pico da Antonia machen. Unsere guten Maultiere trugen uns bis nahe an den Gipfel dieses Berges, die letzte halbe Stunde mussten wir allerdings zu Fuß gehen und die letzten zehn Minuten sogar in ziemlich unbequemen Felsen klettern, um den scharfen Gipfel des Berges zu erreichen. Die Rundsicht ist außerordentlich großartig. Im Osten die über 600 Meter tiefe Wand, die zum Kessel des Tales dos Orgãos abfällt, im Norden die Hochebene von S. Catarina und dahinter die lange Kette des Malaguetagebirges, im Westen das sanft abfallende Terrain, das noch nahezu die ursprüngliche Form und Neigung des alten Vulkankegels zeigt und in dessen tief eingeschnittenen Schluchten man stellenweise dreißig bis vierzig übereinandergeflossene Lavaströme unterscheiden kann. Weiter im Süden sieht man die flachen Terrassen der Umgebung von Praia und den Hafen.

Von Pedra Janella reiste ich weiter zu Pferde nach S. Catarina und von dort über das Malaguetagebirge nach Tarrafal, wo ich einige Tage Station machte und den Monte Gracioza und Umgebung besuchte. Die Rückreise machte ich in einem Ruderboot an der Westküste der Insel bis nach Praia. Von Praia brachte mich mein Schoner in einer Nacht bis an die Südküste der Insel Maio, und noch am Vormittag konnten wir vor der Hauptstadt Anker werfen.

Die Insel Maio ist bedeutend flacher als die bisher erwähnten Inseln der Gruppe, und die Vegetation ist hier noch spärlicher als auf S. Vicente. Sie macht einen durchaus öden und trostlosen Eindruck. Das Haupterzeugnis der Insel ist Salz, und bei meiner Ankunft wurde gerade ein größerer Schoner mit Salz beladen. Das war eine durchaus schwierige Operation, da die Landungsstelle außerordentlich unbequem angelegt ist. Die kleinen Boote schwankten etwa vier bis sechs Meter auf und ab am Fuße der glatt gespülten Kalkfelsen. Als ich vom Land auf mein Schiff zurück und in das kleine Boot vom Felsen herabspringen wollte, glitt ich aus und fiel ins Wasser. Dasselbe Missgeschick war im vergangenen Jahr meinem Schiffskapitän begegnet und ist überhaupt kein ungewöhnliches Ereignis. Auf eine Verbesserung der Landungseinrichtungen wird man wohl noch lange warten müssen. Mein Hauptbeschützer und Gastfreund auf dieser Insel war der reichste Mann am Orte, ein intelligenter und liebenswürdiger Neger, der ziemlich elegant gekleidet und mit einem großen Tropenhelm bedeckt gerade die Verladung des Salzes beaufsichtigte. Er ist in jeder Beziehung der hervorragendste Mann der Insel, seine Körperlänge von etwa 2,10 Meter erscheint umso ungeheuerlicher, als er dabei ausnehmend mager ist; er wiegt angeblich nur fünfundfünfzig Kilogramm. Durch seine freundliche Hilfe bekam ich bald gutes Quartier, einen ortskundigen Führer und brauchbare Reittiere. Letzteres ist auf diesen östlichen Inseln nicht so leicht zu beschaffen. Wegen der Spärlichkeit der Vegetation sind die Reittiere meist derart verhungert, dass sie kaum zu einem einstündigen Spazierritt, aber nicht zu längeren Reisen zu brauchen sind. Mein reicher Gastfreund konnte sich aber den Luxus eines wohlgefütterten starken Maultieres leisten, das er mir in uneigennützigster Weise zur Verfügung stellte.

Auf der Insel Maio beabsichtigt die portugiesische Regierung neuerdings wieder Versuche mit der Kultur der Baumwollpflanze anzustellen, und es befand sich deswegen gerade ein portugiesischer Ingenieur nebst Frau und Kindern dort. Außerdem gab es einen portugiesischen Zollbeamten; das war die ganze weiße Bevölkerung. Der Ingenieur Herr Fonseca war mir in jeder Weise behilflich, und er war es, der auf einer Exkursion die erste wohlerhaltene Versteinerung in den alten Kalken der Insel fand, nachdem ich bereits an der gleichen Stelle einige schlecht erhaltene Reste vorgefunden hatte. Die von mir gesammelten Versteinerungen beweisen das mesozoische Alter der betreffenden Kalke. In einer kurzen Mitteilung an die Wiener Akademie wies ich darauf hin, dass das mesozoische Alter dieser Kalke sowie tektonische Beobachtungen dafür sprechen, dass die Inseln als ein abgetrenntes Stück Festland und höchstwahrscheinlich als ein Teil der verlängerten Atlaskette anzusehen sind.

Meine Entdeckung hat besonders bei den französischen Gelehrten Aufmerksamkeit erregt, und man hat sie naturgemäß auch als Stütze für das einstige Vorhandensein des versunkenen Kontinents Atlantis brauchen wollen. Obwohl die Erörterung dieser Frage stets allgemeinem Interesse begegnet, will ich hier nicht darauf eingehen, da es sich nach meiner Meinung einstweilen nur um sehr vage Hypothesen handelt.

Die nächste Insel, die ich besuchte, war Boa Vista. Kapitän und Mannschaft meines Schiffes, die von dieser Insel stammten, waren hocherfreut, nach langer Abwesenheit wenigstens auf zwei Wochen wieder nach Haus zu kommen. Ich lernte hier den Besitzer meines Schiffes, einen portugiesischen Juden, kennen. Fast der ganze Handel der Insel wird von wenigen Familien monopolisiert, die untereinander verwandt und verschwägert sind. Die Umgebung der Hauptstadt macht denselben öden und trostlosen Eindruck wie die Insel Maio, aber die Insel Boa Vista ist bedeutend größer und mannigfaltiger. Die Kokosnussoasen sind hier größer und zahlreicher, und Hunger und Not sind nicht so arg wie auf der Insel Maio. Außer den Familien der bereits erwähnten weißen Kaufleute, die übrigens auch zum Teil mulattische Frauen haben, gibt es auf der Insel nur Mulatten. Auch auf dieser Insel wird Salz gewonnen und außerdem Kalk ausgeführt. Ein Versuch, die nicht unbedeutenden Kaolinlager industriell auszubeuten, ist leider gescheitert, und es hat sich nur eine sehr primitive Töpferei als Hausindustrie erhalten. Eine Reihe von ungewöhnlichen Mineralvorkommen, wie Bergkristall, Flussspat, Kalkspat und Schwefel hat die Erwartungen der Eingeborenen sehr hoch gespannt, aber leider scheint nichts abbauwürdig zu sein. Das Wertvollste, was ich gesehen habe, ist ein tadellos klarer Doppelspat. Wie mir erzählt wurde, ist durch eine in London ausgeführte Analyse Gold nachgewiesen, doch ist das Vorkommen sicher vollkommen wertlos. Eine eigentümliche Industrie dieser Insel ist die Ausbeutung von Strandgut. Auf dem Rathaus gibt es ein Verzeichnis von einigen siebzig größeren Schiffen, die in der letzten Zeit dort gestrandet sind und deren Namen bekannt wurden. Viele Schiffe gehen aber auf den Klippen und Riffen der Ostseite von Boa Vista zugrunde, ohne dass es gelingt, ihren Namen zu erfahren. Die Erzählung von einer Missweisung des Kompasses östlich der Insel ist mit großer Wahrscheinlichkeit falsch. Zwar gibt es auf Boa Vista wie auf sämtlichen anderen Inseln der Gruppe ziemlich stark magnetische Berge, aber in einiger Entfernung vom

die Bevölkerung hier außerordentlich ablehnend. Zur Bereisung des Innern der Insel brauchte ich im Ganzen etwa zwei Wochen. Die Wege waren hier besonders schlecht und halsbrechend, aber die wohlgenährten und geschickten Maultiere kamen über so manche Stelle hinweg, die einem nicht geübten Felskletterer Schwierigkeiten gemacht hätte.

Auf Maio und auf S. Nicolao bestehen noch einige Walfischstationen. Auf S. Nicolao wurde ich mit zweien der Walfischfänger bekannt, aber beide sind alte Leute und werden ihre Tätigkeit demnächst einstellen. Der Walfischfang ist nicht mehr lohnend, da die Tiere selten geworden sind und der Walfischfänger, wenigstens mit den primitiven Mitteln, die hier üblich sind, zu wenig Aussicht auf Erfolg hat.

Die Landwirtschaft ist auf S. Nicolao verhältnismäßig lohnend, Kaffee und Früchte aller Art gedeihen gut, und namentlich die schönen Orangen finden in S. Vicente einen guten Markt.

Von S. Nicolao fuhr ich an den kleinen Inseln der S.-Luzia-Gruppe vorbei nach S. Vicente. Hier hielt ich mich noch einige Zeit auf, um meine Post zu erledigen, da ich seit dem Verlassen von S. Thiago nur einmal direkte Nachricht von Europa erhalten hatte, und dieses eine Mal auch nur dadurch, dass ich mein eigenes Schiff nach S. Vicente gesandt hatte; um meine Briefe abzuholen. Ich machte dann noch einige Exkursionen besonders nach den kleinen gut erhaltenen Vulkankegelchen im Osten der Insel. Die Ausbrüche des M. Calhau sind offenbar sehr jungen Datums, aber es meldet keine Überlieferung von ihnen. Dies ist jedoch nicht zu verwundern, da die Insel lange Zeit nach ihrer Entdeckung vollkommen unbewohnt blieb, dann nur als Deportationsort für Sträflinge benutzt wurde und erst Mitte der Fünfzigerjahre des vorigen Jahrhunderts anfing, bekannter zu werden und als Kohlenstation zu dienen.

Nach wenigen Tagen brach ich von S. Vicente nach der Insel S. Antão auf. In etwa anderthalb Stunden brachte mich mein Schoner bei gutem Wind nach dem Hafenort Carvoeiros. Da in Carvoeiros aber keinerlei Reit- und Packtiere zu beschaffen waren, musste ich mich auf einige kleine Exkursionen in der Umgebung beschränken und fuhr am nächsten Tage mit meinem Schiff nach Ponta do Sol. Bei hohem Seegang und widrigem Wind brauchten wir dazu vierundzwanzig Stunden. Hier erhielt ich durch die Liebenswürdigkeit des Bürgermeisters Hauptmann Viriato Fonseca die Kopie seiner handschriftlichen Karte der Insel, zwei gute Maultiere, einen Esel und zwei ziemlich brauchbare Führer. Am nächsten Tage konnte ich nach der Ribeira Grande aufbrechen. Am Zusammenfluss der Ribeira Grande und der Ribeira do Torre liegt dic größte Stadt der Insel mit hübschen soliden Gebäuden, schattigen Plätzen und einem recht wohlhabenden gemütlichen Aussehen. Ungemütlich war nur das Erscheinen von mehreren Aussätzigen. Die Lepra ist auf S. Antão weitverbreitet, und ich lernte im Verlauf der Reise noch viele Leprakranke kennen. In Ribeira Grande mietete ich noch einen zweiten Esel für mein Gepäck und brach dann nach der Ribeira de Paul auf. Die Böden der östlichen Täler werden von schönen Kaffeeplantagen eingenommen, Bananen, Ananas und andere Tropenfrüchte gedeihen üppig. Wir wurden hier am 3. August zum ersten Mal von einem stärkeren Regenguss überrascht, und ich befürchtete schon, dass meine kapverdischen Freunde recht behalten würden und mir die im August beginnende Regenzeit einen Strich durch die Rechnung machen könnte. Das traf aber glücklicherweise nicht ein. In allen übrigen Teilen der Insel hat mich der Regen nicht weiter gestört. Die nordöstlichen Täler der Insel sind dem Passatwind ausgesetzt und haben deswegen eben früher und sehr viel mehr Regen. Bei einem Plantagenbesitzer im Campo do Cão kamen wir stark durchnässt an und fanden freundliche und gastliche Unterkunft. Am nächsten Morgen ritten wir in dem von Nebeln erfüllten Tale weiter bergauf, kamen dann aber, als wir an den steilen Wänden des Talkessels heraufstiegen, bereits in einer Höhe von 1300 bis 1400 m in hellen Sonnenschein. Als wir auf dem Hochland angelangt waren, sahen wir, dass der ganze Südabhang der Insel und die fernen Berge des Westens vollkommen klar und wolkenlos waren. Zwei Tage blieb ich auf der Höhe und besuchte den Pico da Cruz, den Krater von Cova, die Bimssteinhügel von Curral da Russa, das Chão de Lagoa und stieg dann über den Pass von Verinha in das Tal der Ribeira da Garça ab. Der Schullehrer und Postmeister nahm mich hier freundlich auf, und da ich wegen der Verpackung der gesammelten Steinproben in Verlegenheit war, half er mir bereitwilligst durch Überlassung einiger Postsäcke.

Am nächsten Tage brachte mich ein ermüdender, aber lehrreicher Ritt, bei dem ich eine große Anzahl tiefer Täler zu kreuzen hatte, ziemlich spätabends in das Haus eines reichen und angesehenen Mannes in Ribeira da Cruz. Ein Blick auf meinen Wirt belehrte mich jedoch sofort, dass wir höchst ungelegen kamen, denn der alte Herr war schwer leidend, und seine Krankheit war Lepra. Ich zog daher vor, noch in der Dunkelheit mich nach einem anderen, etwa eine Viertelstunde entfernten Gehöft zu begeben, wo glücklicherweise die unheimliche Krankheit nicht zu sehen war.

Von hier brachen wir zur Besteigung des höchsten Berges Topo da Coroa auf. Eine Nacht verbrachte ich nahe dem Gipfel in 1940 m Höhe bei recht ungemütlicher Kälte. Am nächsten Tage besichtigte ich noch die zahlreichen Aschen- und Bimssteinkegel des hier etwa 1500 m hohen Hochlandes und stieg dann spätabends nach der Ribeira das Patas ab, wo ich bei dem Dorfschulzen in Chão de Morte auf mehrere Tage gutes Unterkommen fand. Die Ribeira das Patas ist eine der reichsten Gegenden der Insel. Auch in der Trockenzeit führen die zahlreichen kleinen Bäche genügend Wasser. Kaffee, Zuckerrohr, Orangen, Manioka, Mais, Bohnen, kurz alle Früchte der Inseln gedeihen gut, ja auch etwas Wein wird hier angebaut.

An einem der nächsten Tage besuchte mich der reichste Grundbesitzer des Nachbardorfes Chão de Alacrim und bat mich, auch bei ihm einige Zeit zu wohnen, was ich ablehnte, aber er ließ es sich nicht nehmen, mich wenigstens zu einem opulenten Mittagessen einzuladen. Der alte Herr, der auch nach europäischen Begriffen recht reich war und in der Ribeira das Patas als größter Grundbesitzer wie ein kleiner König schalten konnte, hatte ein von Lepra entstelltes Gesicht und von Lepra verstümmelte Hände, sodass er keinen Finger mehr rühren konnte. Nichtsdestoweniger war er noch immer ein guter Reiter und leitete mit bewundernswerter Energie seinen Hausstand und die Verwaltung seines großen Besitzes. Seine Kinder und Hausgenossen waren sämtlich von der bösen Krankheit frei geblieben.

In dem Talkessel der Ribeira das Patas treten eine ganze Reihe von kohlensauren Mineralquellen zutage. Einige davon sind gewöhnliche alkalische Sauerbrunnen, eine andere Gruppe von Quellen ist sehr stark eisenhaltig. Diese Quellen werden nur wenig zu Trinkzwecken benützt, ebenso wie von einem anderen Sauerbrunnen, der sich im Osten der Insel in der Ribeira do Raul findet, bisher wenig Gebrauch gemacht wird.

Die Mineralquellen der Insel S. Antão haben jedenfalls nicht eine so große Bedeutung wie die bereits erwähnte Quelle der Insel Brava, die Agua Vinagre, die dort der gesamten Bevölkerung als Trinkwasser dient und leicht als wohlschmeckendes Mineralwasser exportiert werden könnte.

Von dem Talkessel der Ribeira das Patas ritt ich zunächst

dem Wasserlauf folgend bis zur Küste und wandte mich dann nach Westen, öde, verdorrte, mit vulkanischem Schutt bedeckte Lavafelder durchquerend. Bei der Mündung der Ribeira Torta befindet sich einer der kleinen Anker- und Landungsplätze und eine kleine, jämmerliche Ansiedlung. Ich stieg wieder zum Gebirge empor und hielt mich bis zum Ufer des Tales von Tarrafal in halber Höhe. Hier im westlichen Teil der Insel werden die kleinen Eruptionskegelchen wieder zahlreicher, und die Gegend ist wasserarm und öde. Die Hochebene des Campo Grande fällt hier nach Südwesten ab. In etwa 1000 m Höhe gelangte ich an den Rand des Tales von Tarrafal. Von der trockenen Wüste sah ich herab in das etwa 800 m unter mir liegende, mit üppiger Vegetation bedeckte Tal. Auf der gegenüberliegenden Talwand kam am Fuß einer mehrere Hundert Meter mächtigen Tuffschicht eine große Quelle hervor, die sich in Form eines Wasserfalls in das Tal ergoss. Ich folgte dem Rande des Tales bis zu einer Stelle, die etwas weniger steil ist und wo ein Weg hinabführt zu einem kleinen Eingeborenendorf und zu der noch tiefer gelegenen Zuckerplantage des Doktor Ferro. Diesem gehört das ganze Tal von Tarrafal, ein wunderbarer Besitz von üppigster tropischer Fruchtbarkeit und von einem auf diesen Inseln ganz besonders kostbaren Wasserreichtum.

Das Berieselungswasser der Zuckerplantage füllt einige gemauerte Bassins in der Nähe der Küste und wird von hier aus mit einem kleinen Wasserdampfer nach S. Vicente verschifft und den durchfahrenden Dampfern verkauft. Einige Tage blieb ich in der reizenden Villa des Doktor Ferro und genoss die prächtigen Früchte des Tales. Besonders die Mangos waren von ganz hervorragender Qualität. Mit einem Ruderboot machte ich noch einen Ausflug nach dem nördlich gelegenen Tale des Monte Trigo, das kleiner, weniger wasserreich und fruchtbar, aber sonst dem Tal von Tarrafal ziemlich ähnlich ist. Dann begab ich mich zum letzten Mal auf meinen kleinen Schoner und fuhr bei ziemlich schlechtem Wetter nach S. Vicente, um dort meine Sammlungen zu verpacken und mit dem nächsten Dampfer nach Europa zurückzukehren. Ich war im Ganzen vom 15. April bis zum 25. August 1912 auf den Inseln geblieben und bin meines Wissens bisher der einzige Reisende, der alle Inseln der Gruppe besucht und durchwandert hat.

Im Darm der Geschichte – Cidade Velhas schwarze Vergangenheit

Jürgen Lang

17. April, fünf Uhr nachmittags. Wir befinden uns 23 Grad, 36,5 Minuten westlich von Greenwich und 14 Grad, 44 Minuten nördlich des Äquators. Nach der mentalen Weltkarte der meisten Mitteleuropäer schwimmen wir mitten im Atlantik, 600 Kilometer vor der westlichsten Spitze Afrikas und noch unendlich weit von Amerika entfernt. In Wirklichkeit stehen wir auf festem Grund. Mitten in einem Gebirge vulkanischen Ursprungs, das aus viertausend Meter Tiefe aufsteigt und mit einigen Gipfeln über die Meeresoberfläche reicht: die Kapverdischen Inseln. Um uns herum ein Dorfplatz mit einstöckigen Häusern. Hier hat uns einer der Toyotas mit offenem Verdeck, die auf den Inseln als Sammeltaxis dienen, als letzte Fahrgäste abgesetzt. Wir schauen ihm mit unguten Gefühlen nach. Wie sollen wir hier wieder wegkommen? Zurück in die Hauptstadt sind es ungefähr fünfzehn Kilometer gepflasterter Straße durch eine Art Mondlandschaft, und ein Hotel gibt es hier nach Auskunft des Führers nicht. Die Abendsonne beleuchtet eine kleine Bucht mit Riffen, ein Dutzend auf den Schotterstrand gezogene Fischerboote, dahinter Kokospalmen, Bananen- und Papayabäume und darüber das rötliche Gestein der Tafelberge. Die üppige Vegetation, die aus den beiden tief eingeschnittenen, hier ins Meer mündenden

Trockentälern hervorquillt, überrascht nach der Fahrt durch die Einöde. Und trotzdem wären wir gerne schon wieder weg. Den Kindern kann man hier nicht ins Gesicht sehen, sonst sagen sie »mani, mani« und strecken ihre staubigen, braunen Händchen vor. Die Erwachsenen sind mit sich selbst beschäftigt. Gleich am Ausgang des Platzes wird heftig gestritten. Wie weit die noch davon entfernt sind, aufeinander loszugehen, kann man als Fremder nicht beurteilen. Also so schnell wie möglich wieder weg. Aber zuvor haben wir noch ein paar »tourist musts« abzuhaken.

Dass wir uns trotz allem Anschein doch nicht in einem ganz gewöhnlichen Fischerdorf der Insel Santiago befinden, müssten wir bei näherem Zusehen auch dann bemerken, wenn uns der Zufall hierher verschlagen hätte. Nicht nur an den Englischkenntnissen der Kinder oder dem Namen des Ortes: Cidade Velha, Alte Stadt. Gleich hier neben uns steht zwischen dem Dorfplatz und dem Meer eine merkwürdige gedrehte Säule mit eisernen Beschlägen, im oberen Teil des Ortes ragen zwischen den niederen Häusern die Ruinen einer für dieses Dorf völlig überproportionierten Kirche auf, und dort oben auf dem Berg verfällt ein mächtiges Fort, zu dem wir jetzt auf dem Umweg über die Kirchenruine aufbrechen. Vor der Kirchenruine kommen wir mit einem fünfzehnjährigen Dorfbewohner ins Gespräch, der uns zu dem Fort hinaufführt. Von dort können wir die kleine Bucht mit den Klippen, die Fischerboote auf dem Strand und das kleine Dorf überblicken. Wir bemerken jetzt, dass hier und dort, von der Vegetation versteckt, noch weitere Ruinen stehen. Und wir können auch ein Stück in die fruchtbaren Trockentäler hineinblicken, die sich hier zum Meer öffnen.

Inzwischen ist es schon bedrohlich dunkel geworden. Mit seinem Vorschlag, nicht mehr ins Dorf zurückzukehren, sondern gleich auf die Landstraße abzubiegen, nimmt mir Georg das Wort aus dem Mund. Wir verabschieden uns also von unserem Führer. Kurze Zeit später ist Cidade Velha hinter einer Biegung verschwunden. Und darüber sind wir offenbar beide eher froh, obwohl sich die total verlassene Landstraße vor uns in einer Steinöde verliert, über die schon die Nacht hereinbricht. Zehn Minuten später kommt doch noch ein fast neuer Toyota vorbei. Wir winken, obwohl es ein Privatfahrzeug ist. Die beiden dunklen, gut gekleideten Herren in der Kabine fordern uns mit einer lässigen Handbewegung auf, hinten aufzusteigen. Ein paar Kilometer weiter kommt noch ein Inselbewohner dazu, den die Nacht unterwegs überrascht hat. Wir müssen uns festhalten, um nicht herunterzufallen, und ich bemerke, dass wir erst jetzt wieder lachen, während uns der Fahrtwind kalt unter die Hemden bläst.

Für Georg kann ich nicht sprechen. Was mich selber betrifft, so weiß ich, dass es auch die Gespenster der Geschichte waren, die mir Cidade Velha so unheimlich erscheinen ließen. Der Ort hieß früher einmal Ribeira Grande. Es ist die älteste Niederlassung der Portugiesen auf den um 1460 entdeckten Kapverdischen Inseln und gleichzeitig wohl die erste in Übersee von Europäern gegründete Niederlassung im Zeitalter der Entdeckungen überhaupt. Während der ersten beiden Jahrhunderte nach der Entdeckung dachte, wer von den Kapverdischen Inseln sprach, an Santiago, und wer von Santiago sprach, an Ribeira Grande. Von den übrigen Inseln wurde nur das benachbarte Fogo schon relativ früh besiedelt. Die zweitgrößte Insel des Archipels, Santo Antão, die Insel São Vicente mit der heute zweitgrößten Stadt Mindelo und die Insel Sal mit dem internationalen Flughafen wurden erst im 18., 19. beziehungsweise 20. Jahrhundert in nennenswertem Umfang besiedelt. Dagegen beginnt der Niedergang Ribeira Grandes schon am Ende des 16. Jahrhunderts. Das große Fort oberhalb des Ortes ließ der spanische König Philipp II. erbauen, nachdem 1585 der englische Korsar Sir Francis Drake Ribeira Grande heimgesucht hatte. Aber es konnte diesen Niedergang nicht mehr aufhalten.

Die Gründe für den steilen Aufstieg und Fall Ribeira Grandes sind bekannt. Die Portugiesen haben um 1460 die strategische Wichtigkeit der eben entdeckten Kapverdischen Inseln sofort erkannt. Zu jener Zeit hatten die ersten portugiesischen Sklavenjagden an der afrikanischen Küste schon zu einer erheblichen Störung der Kontakte zwischen Portugiesen und Schwarzafrikanern geführt. Mit diesen Inseln fiel den Portugiesen eine sichere Operationsbasis außerhalb der Reichweite der Bewohner des Kontinents und ein willkommener Trittstein für die immer weiter ausgreifenden Entdeckungsfahrten entlang der afrikanischen Küste in die Hände.

Mit der Umsegelung des Kaps der Guten Hoffnung durch Bartolomeo Diaz, mit der Öffnung des Seewegs nach Indien durch Vasco da Gama im Jahre 1498 und mit der Entdeckung Brasiliens durch Pedro Alvares Cabral im Jahre 1500 nahm die Bedeutung Santiagos noch einmal sprunghaft zu. Als Trittstein auf den großen Seerouten und als Zentrum des aufblühenden Sklavenhandels. Ja, es besteht ein eindeutiger Zusammenhang zwischen diesen beiden Funktionen. Denn einerseits benutzten die Portugiesen den Sklavenhandel, um den portugiesischen Siedlern auf Santiago eine Existenzgrundlage zu schaffen und somit ihre eigene Präsenz an diesem strategischen Punkt zu garantieren. Und andererseits wurden die Sklaven selbst schnell zu einer der wichtigsten »Waren«, die auf diesen Handelswegen transportiert wurden, zunächst nach Europa und dann zunehmend nach Mittel- und Südamerika. Auf den Inseln entstand eine kleine Tuchindustrie, die ganz auf den afrikanischen Geschmack ausgerichtet wurde und deren Produkte fast ausschließlich für den Tausch gegen Sklaven auf dem gegenüberliegenden afrikanischen Festland bestimmt waren. Bei der schon kurz vor 1500 einsetzenden Besiedlung der Nachbarinsel Fogo ging es gerade um die Produktion von Baumwolle für die Herstellung dieser Tücher.

Um die Subsistenz der ersten portugiesischen Siedler und ihrer mit afrikanischen Frauen gezeugten Nachkommen zu sichern, hat die portugiesische Krone zusammen mit diesen alles nur Erdenkliche unternommen, um den gesamten Sklavenhandel mit der gegenüberliegenden Küste von der Nordgrenze des modernen Senegal bis Sierra Leone über Santiago zu leiten. Dies gelang freilich nur so lange, wie die Portugiesen ihr Monopol im Sklavenhandel verteidigen konnten. Als die Holländer diesem im 17. Jahrhundert zusammen mit den Engländern und Franzosen den Gnadenstoß versetzten, verlor Ribeira Grande, die einstige Metropole der Sklavenhändler von Santiago, seine Existenzgrundlage. Nach und nach verließen die Bewohner, der Bischof und der Gouverneur die Stadt.

Aber bleiben wir noch einen Augenblick bei den ersten hundertfünfzig Jahren der Geschichte von Santiago und Ribeira Grande. Wer immer damals an der den Kapverdischen Inseln gegenüberliegenden afrikanischen Küste in den sogenannten Rios de Guiné Sklaven kaufen und verladen wollte, musste, sofern er nicht ohnehin ein Bewohner Santiagos war, zuvor Ribeira Grande anlaufen. Nach Ankauf und Verladung der Sklaven musste er wieder über Santiago fahren und in Ribeira Grande für jeden Sklaven Einfuhr- und Ausfuhrzölle bezahlen. Die Einfuhrzölle kamen offenbar direkt der Aristokratie von Ribeira Grande zugute, während die Ausfuhrzölle dem jeweiligen Pächter der afrikanischen Küste bezahlt wurden, der einen Teil von ihnen an die Krone abführen musste. Neben der Versorgung der portugiesischen Märkte spielte der Verkauf von Sklaven nach den spanischen Besitzungen in Zentralamerika eine bedeutende Rolle. Dieser Handel war besonders lukrativ, da die Spanier in amerikanischem Silber bezahlten.

Die Sklaven, die aus den Rios de Guiné nach Santiago gebracht wurden, blieben dort in der Regel nicht an Bord, um gleich an ihren endgültigen Bestimmungsort verschifft zu werden. Sie wurden erst hier getauft. Ein Teil blieb für immer, weil er hier gebraucht wurde. Aber auch die anderen blieben häufig längere Zeit gewissermaßen »auf Lager«. Während ihres Aufenthaltes auf Santiago erfuhren sie eine erhebliche Wertsteigerung, die uns aus den Quellen als *ladinização* bekannt ist. Gemeint ist damit eine Art Abrichtung auf ihr neues Schicksal. Dazu gehörte eine erste Gewöhnung an bestimmte handwerkliche oder landwirtschaftliche Arbeiten und der Erwerb elementarer Kenntnisse in der Sprache ihrer neuen Herren. Die Sprache, die die Sklaven während ihres Aufenthaltes auf Santiago in Ansätzen erlernten, war allerdings mit Sicherheit nicht das Portugiesische, sondern das portugiesische Kreol, das sich dort entwickelt hatte.

Es ist wohl heute nicht mehr möglich, sich ein gleichzeitig anschauliches und historisch getreues Bild vom täglichen Leben in Ribeira Grande in der Zeit seiner größten Blüte zu machen. Um 1550 behauptet ein Zeitgenosse, es gäbe, Lissabon ausgenommen, keine zwei Städte im portugiesischen Weltreich, die dem König so viel einbrächten wie diese Stadt, und um die gleiche Zeit nennt sie ein auf der Seereise nach Brasilien vorbeikommender Bischof »an Geld reicher als an Tugenden«. 1582, drei Jahre vor dem verheerenden Überfall des Francis Drake, wird ihre Bevölkerung mit fünfhundertacht sesshaften Bürgern angegeben, die zusammen in ihren Haushalten und auf ihren Feldern 5 700 Sklaven beschäftigten.

Diese rund fünfhundert freien Bürger müssen zum größten Teil Mischlinge gewesen sein, denn schon 1546 hatten einige ihrer Väter oder Großväter beim König um die Erlaubnis nachgesucht, trotz ihrer braunen oder schwarzen Hautfarbe Ratsherren werden zu dürfen. Ein beträchtlicher Anteil der Bürgerschaft verdankte also nicht nur seinen Reichtum, sondern auch die eigene physische Existenz dem Sklavenhandel. Seite an Seite mit dieser Landbesitzer- und Sklavenhändleraristokratie, die im Wesentlichen auch die Verwaltungsbeamten und Richter stellte, lebten dann in Ribeira Grande die Kleriker, allen voran der Bischof, zu dessen 1535 eingerichteter Diözese zunächst nicht nur die Inseln, sondern auch das gegenüberliegende afrikanische Festland gehörte. Die Ausmaße der Bischofskirche (mit etwa fünfundzwanzig mal zwölf Metern ziemlich genau die des Beckens in einem modernen Hallenbad), mit deren Bau 1555 begonnen wurde, belegen den Reichtum und die Bedeutung Ribeira Grandes zu jener Zeit. Als diese Kirche 1692 schließlich eingeweiht wurde, war die Bevölkerung, die sie hätte füllen können, nach der modernen Hauptstadt Praia umgesiedelt. Viel mehr als die bislang genannten Gruppen müssen aber in der großen Zeit Ribeira Grandes die Sklaven das Straßenbild beherrscht haben. Auf der einen Seite die fest in die Haushalte der Aristokratie integrierten, die sich schon in dem neu entstandenen portugiesischen Kreol miteinander verständigen konnten, und auf der anderen Seite die immer wieder neu übers Meer ankommenden, unter dem Schock fast unvorstellbarer Familientragödien stehenden, die mit ihren vielfältigen afrikanischen Sprachen zu einer Art babylonischer Sprachverwirrung beitrugen und jenseits des Atlantiks einem ungewissen Schicksal entgegensahen. Schließlich muss es auf der schwindelnd steilen sozialen Leiter Ribeira Grandes auch nicht wenig Verkehr von unten nach oben und umgekehrt sowie Platz für allerhand Existenzen auf halber Höhe gegeben haben (freigelassene Sklaven, schwarze Konkubinen hellhäutiger Herren, Aufseher, Handwerker und so weiter). Und häufig mischten sich die Besatzungen von Schiffen, die nach Europa, nach Zentral- oder Südamerika oder gar nach Indien unterwegs waren, unter die Bevölkerung.

Was mögen sich unter solchen Umständen damals beim Sklavenmarkt auf dem kleinen Platz für Szenen abgespielt haben? Wer kam an den Pranger, der heute noch hier steht? Wie viele Schiffe voll menschlicher Ladung sind in jener Zeit an den kleinen Riffen in der Bucht zerschellt, die nach dem Bericht eines Zeitgenossen allein in dem Jahr 1606 sechs Schiffen zum Verhängnis wurden? Das kleine Dorf im Südwesten Santiagos beschäftigt und überfordert meine Fantasie.

Nachwort

Kapverdische Musik? Eine überflüssige Frage. Längst haben kapverdische Musikschaffende Eingang in die Weltmusik gefunden. Césaria Evora, Lura und zahlreiche andere sind gern gehörte Interpretinnen und Interpreten in der Sparte »Tropical Sounds«. Ihre oftmals melancholischen Lieder besingen die Weiten des Meers, die Kargheit der Inseln, die Emigration der Frauen und Männer und ihre stete Sehnsucht nach der Heimat. Dafür steht »Sodade« – Heimweh, Schwermut, aber auch Offenheit, ein Gefühl, das sich nicht einfach umschreiben lässt. Wer jedoch den Menschen Kap Verdes begegnet ist, ihre Hingabe zur eigenen Scholle und zum Meer, wer die Schönheit und Vielfalt der Inselwelt kennt, kann sich dem melancholischen Grundton nicht entziehen. Diese Musik zieht einen unweigerlich in ihren Bann.

Und kapverdische Literatur? Gibt es ein literarisches Gegenstück zur viel gehörten kapverdischen Musik? Im deutschen Sprachraum sind Publikationen kapverdischer Autorinnen und Autoren kaum bekannt, Bücher nicht auffindbar. Doch dies als Indiz zu werten, dass es kein kapverdisches Literaturschaffen gibt, wäre eine Verkennung der Gegebenheiten! Auf den Kapverden selbst wird in einigen Kleinverlagen Literatur verlegt, und vor allem in Portugal haben zahlreiche Schriftstellerinnen und Schriftsteller mit kapverdischen Wurzeln eine feste Verlagsbasis gefunden. Das Problem ist, dass nur wenig ins Deutsche übertragen wird und uns daher der Zugang zur reichhaltigen Kultur der kleinen Inselwelt verwehrt bleibt.

Die Geschichte der kapverdischen Literatur reicht Jahrhunderte zurück und ist mit der Entwicklung des Archipels als Kolonie Portugals eng verbunden. Die Besiedlung begann im frühen 16. Jahrhundert. Sie ging von Ribeira Grande – dem heutigen Cidade-Velha – auf der Insel Santiago aus. Der Bischofssitz Ribeira Grande war überdies die erste europäische Siedlung im subsaharischen Afrika. Heute ist der Ort mit den erst kürzlich sorgfältig restaurierten Überresten der einstigen großen Kathedrale, dem imposanten spanischen Fort, der Kirche und zahlreichen Profanbauten sowie dem Pelourinho, dem Pranger, verdientermaßen in die Liste des Unesco-Weltkulturerbes aufgenommen worden.

Im Laufe der Zeit verlagerte sich der gesellschaftliche und politische Schwerpunkt ins nahe Praia, der heutigen Hauptstadt, deren Bucht einen natürlichen Anker- und Hafenplatz bot. Das nördliche Mindelo hingegen, welches früher Porto Grande genannt wurde, entwickelte sich im 18. und 19. Jahrhundert zur wirtschaftlichen und vor allem auch kulturellen Metropole des Archipels. Es diente den Überseedampfern auf ihren Transatlantikfahrten zwischen Europa und Südamerika als Vorratsstation für Kohle, als Telegrafenrelaisstation war der Ort im 19. Jahrhundert mit aller Welt verbunden. Es entstand eine Offenheit, die sich in Vergangenheit und Gegenwart wie ein roter Faden durch Gesellschaft und Kultur zieht. Noch heute erinnern zahlreiche typische Kolonialbauten an die einstige Größe und den Reichtum der Stadt.

Kulturelle Impulse gingen ferner vom Lehrer- und Priesterseminar von Ribeira Brava auf São Nicolão aus. Tief in den Bergen dieser heute etwas abseits gelegenen nördlichen Insel wuchs vor allem in der ersten Hälfte des 20. Jahrhunderts eine geistige Elite heran, die sich dem Land und der Geschichte ihrer seit Generationen ansässigen Familien verpflichtet fühlte. Auch heute noch erinnert das schmucke Städtchen und das Seminar, in welchem das Erbe der Vergangenheit hochgehalten wird, an diese Blütezeit.

Ein erstes literarisches Schaffen geht auf die Anwesenheit portugiesischer Schriftsteller zurück, die nach Kap Verde übersiedelt waren. Autoren wie Eugenio Tavares, Pedro Cardoso oder José Lopes, um einige der wichtigsten Namen zu nennen, waren jedoch alle noch der klassischen portugiesischen Literatur verhaftet. Dass sie auf den Kapverden lebten, hatte kaum einen Einfluss auf ihr Schreiben.

Das Geburtsjahr einer eigenständigen Literatur lässt sich überraschend klar festmachen. 1936 erschien die erste Ausgabe der Zeitschrift *Claridade*. Der Name war Programm: Erstmals wurden kapverdische Themen aufgegriffen und auch Texte in der vom Kolonialregime unterdrückten einheimischen Sprache Criolo veröffentlicht. Und dies in einer Zeit, als sich die portugiesische Herrschaft unter Salazar immer mehr zu einer Diktatur entwickelte und die Inseln von Dürre und Hungersnöten heimgesucht wurden. Die Gründung von *Claridade* geht auf die Initiative von Manuel Lopes, Baltasar Lopes da Silva und Jorge Barbosa zurück. Sie hatten in der Folgezeit mit der portugiesischen Zensur zu kämpfen.

Zwischen 1936 und 1960 wurden insgesamt neun Ausgaben von *Claridade* herausgegeben. Die ersten drei Ausgaben, die 1936 und 1937 erschienen, enthielten vor allem Beiträge der drei Gründer. Danach kam es zu einer zehnjährigen Unterbrechung, nicht zuletzt auch aufgrund finanzieller Schwierigkeiten wegen des Zweiten Weltkriegs. Zudem riss mit der Versetzung von Manuel Lopes nach Faial auf den Azoren der enge Kontakt zwischen den Gründern ab. Erst von 1947 an erschienen auf Initiative von Baltasar Lopes da Silva weitere Ausgaben. In ihnen wurden Texte neuer Literaturschaffender publiziert, die heute alle in der kapverdischen Literaturszene Rang und Namen haben.

Mit *Claridade* begannen sich ein kapverdisches Nationalgefühl, eine nationale Identität und auch ein Stolz auf die Inselheimat zu entwickeln – unschätzbare Elemente für die spätere Entwicklung zur politischen Selbstständigkeit und das heutige Selbstverständnis einer politisch pluralistischen Gesellschaft, in der ein demokratischer Ideenwettstreit eine Selbstverständlichkeit ist.

Die vorliegende Publikation umfasst hauptsächlich Texte von Autorinnen und Autoren, die sich mit dem Alltag, den Sorgen und Sehnsüchten der Menschen befassen. Durch sie lernen wir, die Kapverden mit kapverdischen Augen zu sehen: Hunger, Not, Abenteuer, Wut und Revolte werden lebendig.

Aus der Gründergeneration der *Claridade* sind Baltasar Lopes und Manuel Lopes vertreten. Bei beiden stehen Ungerechtigkeit, Hunger, Not und Entbehrung im Zentrum der Erzählungen. Von der erzwungenen Auswanderung – früher als Vertragsarbeiter auf die Kakao- und Kaffeeplantagen auf São Tomé, heute als Emigranten in die weite Welt – handeln die Beiträge »Pikdame« von João Lopes Filho, »Vertragsarbeiter« von Luis Romano, »Der Verwalter Loureino« von Onesimo Silveira und »Die Insulaner und die Welt« von Germano Almeida. Andere Texte befassen sich mit der allen Schwierigkeiten trotzenden Leichtigkeit und Liebenswürdigkeit der Menschen, so etwa Germano Almeidas Erzählung »Das Testament des Herrn Napumoceno« oder Gabriel Marianos Geschichte »Der Erstgeborene« . Ironisch-kritische Gedanken zur Geschichte und dem Verhältnis zu Portugal, aber auch zum Selbstverständnis nach der Unabhängigkeit liefert Mario da Silva Matos in »Die Geschichte von Onkel Afonso«. Amílcar Cabral, der spätere Führer der Unabhängigkeitsbewegung und einer der bedeutendsten afrikanischen Denker, arbeitet in »Kapverdische Literatur und nationale Identität« die historisch-politische Bedeutung der *Claridade*-Bewegung heraus.

Darüber hinaus sind auch Reiseberichte aufgenommen worden, die vermitteln sollen, unter welchen Umständen die Menschen vor hundert oder sogar zweihundert Jahren lebten und wie Reisen damals vonstatten gingen. So berichtet Charles

Darwin über einen kurzen Aufenthalt in der Bucht von Praia im Jahr 1832. Kurz nach ihm bereist 1838 der Berner Arzt Samuel Brunner als erster deutschsprachiger Reiseschriftsteller den Archipel und verfasst einen rund hundertseitigen Bericht, von dem hier ein Auszug über seine Eindrücke der noch heute abgeschiedensten Insel Brava aufgenommen wurde. Immanuel Friedlaender erforschte als Vulkanologe 1912 den Archipel und hinterließ einen alle Inseln abdeckenden Bericht. Jürgen Lang schließlich geht in seinem Text auf die Geschichte von Cidade Velha ein, womit uns in geraffter Form die fünfhundertjährige Geschichte der Kapverden nochmals vor Augen geführt wird.

Die Texte dieses Bandes bilden nur eine kleine Auswahl aus einer Literatur, die es gleich einem Schatz noch zu heben gilt. In ihnen schimmern immer wieder Sehnsucht, Heimweh, die Weite des Meeres, die Mühsal des täglichen Lebens – und vor Kurzem noch des täglichen Überlebens – durch. Heute sind eine Reise auf die Kapverden und das Leben auf dem Archipel wesentlich einfacher geworden. Wer auf dem Archipel sein Urlaubsglück sucht und findet, kann in diesen Erzählungen die Spuren der Sodade finden – aber auch, dass sie kein Grund ist, den Schwierigkeiten des Lebens nicht fröhlich zu trotzen.

Hans-Ulrich Stauffer

Worterklärungen

Afonso gemeint ist Diogo Afonso, der 1461/62 im Auftrag des portugiesischen Königs Dom Afonso V. die Inseln Santo Antão, São Nicolau, São Vicente, Brava und Santa Luzia entdeckte

Badia Landarbeiterin

Bissaô und Kacheo Bissau ist die Hauptstadt, Cacheu ein Verwaltungszentrum im Nordwesten von Guinea-Bissau, das bis 1975 portugiesische Kolonie war

Bombarral aus dem gleichnamigen Kreis in Portugal stammender Wein

Catchupa kapverdisches Nationalgericht, ein Eintopf auf der Grundlage von Mais und Bohnen, der Fisch und Fleisch enthalten kann

Companhia do Cacheu e Cabo Verde portugiesische Handelsgesellschaft, die ein Monopol auf den Textil-, Elfenbein- und Sklavenhandel zwischen Guinea, Kap Verde und Brasilien besaß

Covoada Name eines Ortes und Flusses auf São Nicolau

Eden Park Kino legendäres Kino in Mindelo

Elefantiasis unförmige Hautverdickung

Erythrina botanischer Name der Korallenbäume

Facadinha wörtlich: kleines Messer; umgangssprachlich: sich mit jemandem sexuell vergnügen, ohne dass der Ehepartner es weiß; hier: wild Karten spielen

Frisnóte Eintopf aus Innereien vom Schwein (Herz, Leber, Niere, Lunge), wird mit Polenta oder Kartoffeln serviert

Garten der Hesperiden Begriff aus der griechischen Mythologie; die Hesperiden (Nymphen) hüten in einem Garten einen Baum mit goldenen Äpfeln, der auf einer Insel am Rand der den Griechen bekannten Welt liegt, wozu auch Inseln im Atlantik gehörten (Kanarische und Kapverdische Inseln)

Grogue kapverdischer Zuckerrohrschnaps

Kalter Kanal Meerenge zwischen São Vicente und Santo Antão

Kattun feinfädiges Gewebe aus Baumwolle oder Chemiefasern

Leichter kleineres Wasserfahrzeug

Mané Cabom Gelegenheitsarbeiter, der ohne festen Vertrag arbeitet

Milreis wörtlich: tausend Reis; portugiesische Währungseinheit zwischen 1911 und 1942

Morna Lied und Tanz mit melancholischem Rhythmus und Inhalt, aus der Zeit des Sklavenhandels hervorgegangen

Morabeza Kreol für Gastfreundschaft

Pico Der Pico de Fogo auf der Insel Fogo ist mit einer Höhe von 2829 Metern die höchste Erhebung der Kapverden.

Presencismo literarische Strömung, abgeleitet von der portugiesischen Zeitschrift *Presença*, die 1927 in Coimbra von José Régio, Gaspar Dimões und Branquinho da Fonseca herausgegeben wurde

Raffia aus der Raffiapalme hergestelltes Gewebe

Ribeira Grande Stadt auf Santo Antão; auch alter Name von Cidade Velha, der ehemaligen Hauptstadt Kap Verdes auf Santiago

Tchabéta kapverdischer Tanz, bei dem sich die Frauen mit den Händen auf die Oberschenkel klatschen

Trutchida frita traditionelles Essen am Aschermittwoch aus Erbsen

Autorinnen und Autoren

Mit * gekennzeichnete Titel wurden für diese Anthologie vom Verlag gesetzt.

Germano Almeida
geboren 1945 auf der Insel Boa Vista, lebt in Mindelo, São Vicente, und arbeitet als Anwalt. Er ist in der lokalen Politik aktiv und führt einen eigenen Verlag. Von ihm sind zahlreiche Romane und Erzählungen erschienen, auf Deutsch bisher nur der Erzählband *Das Testament des Herrn Napumoceno.*
»Das Testament des Herrn Napumoceno«, aus: Germano Almeida, *Das Testament des Herrn Napumoceno,* Fischer Taschenbuch Verlag, Frankfurt a. M. 1997. © Literarische Agentur Mertin. Aus dem Portugiesischen von Maralde Meyer-Minnemann.
»Der beste Jahrgangswein« und »Die Insulaner und die Welt«, aus: Germano Almeida, *Estórias Contadas.* © Germano Almeida & Editorial Caminho, SA, Lissabon 1998. Aus dem Portugiesischen von Barbara Mesquita. Deutsche Erstveröffentlichung.

Maria Isabel Barreno
geboren 1939 in Lissabon, studierte Geschichte und Philosophie und arbeitete als Redakteurin für Zeitungen und Zeitschriften, unter anderem als Chefredakteurin der portugiesischen Ausgabe von *Marie Claire.* Sie hat mehrere Bücher verfasst, die zum Teil ins Deutsche übertragen wurden. Für ihr Werk erhielt sie verschiedene Literaturpreise, wie 1994 die Auszeichnung Grande prémio do conto des portugiesischen Schriftstellerverbandes. Sie wirkte an einem kapverdisch-portugiesischen Dokumentarfilm über die kapverdische Insel Sal und die Familie Manuel António Martins mit. Dieses Thema hat sie auch literarisch in *Der Herr der Inseln* aufgegriffen.
»Der Schiffbruch«, aus: Maria Isabel Barreno, *Der Herr der Inseln.* © edition tranvia, Verlag Walter Frey, Berlin 2005. Aus dem Portugiesischen von Renate Hess.

Samuel Brunner
war ein Arzt aus Bern, der Mitte des 19. Jahrhunderts im Mittelmeerraum mehrere Expeditionen unternahm. 1828 reiste er nach Elba, Sizi-

lien und Malta, auf die Krim, in den Kaukasus und nach Afrika. Seine Reisen hielt er in Reiseberichten fest.
»Erlebnisse eines Forschers auf den Inseln des grünen Vorgebirges anno 1838«* (»Überfahrt von Lorea nach den Inseln des grünen Vorgebirges«), aus: Samuel Brunner, *Reise nach Senegambien und den Inseln des Grünen Vorgebirges im Jahre 1838,* Haller'sche Buchdruckerey, Bern 1840.

Amílcar Cabral
wurde 1924 in Bafatá in Guinea-Bissau als Sohn kapverdischer Eltern geboren. Später übersiedelte die Familie nach Mindelo, São Vicente. Er studierte tropische Landwirtschaft in Lissabon und kehrte 1952 als Landwirtschaftsingenieur nach Guinea-Bissau zurück. Aufgrund seiner antikolonialen politischen Aktivitäten musste er nach Angola fliehen. 1956 gründete Cabral mit Gleichgesinnten die PAI, die spätere Partido Africano para a Independência da Guiné e do Cabo Verde (PAIGC, Afrikanische Partei für die Unabhängigkeit von Guinea und Kap Verde). Er veröffentlichte zahlreiche politische Schriften, insbesondere zur Vorbereitung des Befreiungskampfes. 1973 kam er bei einem Putsch um die Führungsspitze der PAIGC ums Leben.
»Kapverdische Literatur und nationale Identität«* (»Anmerkungen zur kapverdischen Dichtung«), aus: Amílcar Cabral, *Die Theorie als Waffe,* Edition CON, Bremen 1983. Aus dem Portugiesischen von Kathrein Tallowitz-Roja.

Charles Darwin
Der Brite Charles Robert Darwin (1809–1882) zählt wegen seiner Beiträge zur Evolutionstheorie zu den bedeutendsten Naturforschern aller Zeiten. Seine Ende 1831 begonnene und fast fünf Jahre andauernde Reise um die Welt mit der HMS Beagle war zugleich Schlüsselerlebnis und Grundlage für sein späteres Werk. Sie führte ihn am 16. Januar 1832 nach Santiago, wo er etwa drei Wochen verbrachte. In der Öffentlichkeit wurde Darwin durch seinen 1839 herausgegebenen Reisebericht über ebenjene Reise bekannt.
»Als die Beagle in der Bucht von Praia ankerte«* (»St. Jago – Inseln des grünen Vorgebirges«), aus: Charles Darwin, *Reise eines Naturforschers um die Welt – Tagebuch auf der Reise mit dem Beagle,* Alfred Kröner Verlag, Leipzig 1909. Aus dem Englischen von Heinrich Schmidt.

Universidade Nova in Lissabon. Neben zahlreichen anthropologischen Aufsätzen veröffentlichte er 1983 den Erzählband *Estórias, estórias … contos caboverdianos,* in welchem er soziokulturelle Aspekte der kapverdischen Gegenwart mit den kulturellen Eigenheiten der Bevölkerung seiner Heimatinsel São Nicolau verknüpft.
»Pikdame«, aus: Helga Ahrens und Margret Ammann (Hrsg.), *Kapverdische Erzählungen,* Verlag für interkulturelle Kommunikation, Frankfurt a. M. 1995. Aus dem Portugiesischen von Kerstin Kock.

Gabriel Mariano

geboren 1928 auf der Insel São Nicolau, aufgewachsen auf Santiago und São Vicente, studierte Jura in Lissabon und war als Regierungsbeamter unter anderem auf São Tomé tätig. Aufgrund seines vor allem kulturellen Engagements wurde er von der portugiesischen Geheimpolizei PIDE verfolgt und nach Moçambique gebracht, wo er sechs Jahre in Verbannung lebte. Später arbeitete er als Richter in Angola und lebte anschließend in Lissabon. Mariano verstarb 2002.
»Der Erstgeborene«, aus: Helga Ahrens und Margret Ammann (Hrsg.), *Kapverdische Erzählungen,* Verlag für interkulturelle Kommunikation, Frankfurt a. M. 1995. Aus dem Portugiesischen von Helga Ahrens.

Luis Romano

geboren 1922 auf Santo Antão, wanderte 1962 nach Brasilien aus, wo er 2010 verstarb. Auch nach seiner Übersiedlung befasste er sich weiterhin mit den Kapverden und schrieb bis kurz vor seinem Tod. Verschiedene Publikationen erfolgten in Kreol.
»Vertragsarbeiter«, aus: Janheinz Jahn (Hrsg.), *Süß ist das Leben in Kumansenu und andere Erzählungen aus Westafrika,* Horst Erdmann Verlag für Internationalen Kulturaustausch, Tübingen und Basel 1971. Aus dem Portugiesischen von Janheinz Jahn.

Mario da Silva Matos

geboren 1927 in Mindelo, wo er 2000 auch verstarb. Von 1948 an arbeitete er beim Radio, und viele Jahre lang war er Verwaltungsdirektor der Radiostation Voz de S. Vicente. Zudem war er für das kapverdische Filminstitut tätig und schrieb Artikel zu kulturellen und gesellschaftspolitischen Fragen sowie zur Geschichte der Stadt Mindelo.
»Die Geschichte von Onkel Afonso« und »Pitrinha«, aus: Luis Romano,

Contos e Factos, Gráfica do Mindelo, Mindelo 2007. © Mario da Silva Matos. Aus dem Portugiesischen von Barbara Mesquita. Deutsche Erstveröffentlichung.

Onésimo Silveira
geboren 1935 in São Vicente, teilte drei Jahre lang das Leben der Zwangsarbeiter auf den Plantagen von São Tomé, bevor er Angestellter in Angola wurde. Später lebte er in Schweden. Er veröffentlichte den Gedichtband *Hora grande* und die Erzählung *Toda a gente fala: Sim, senhor.* Silveira ist politisch aktiv und bekleidete das Amt des Bürgermeisters von Mindelo. Außerdem vertrat er Kap Verde als Botschafter im Ausland.
»Der Verwalter Loureiro«, aus: Janheinz Jahn (Hrsg.), *Süß ist das Leben in Kumansenu und andere Erzählungen aus Westafrika,* Horst Erdmann Verlag für Internationalen Kulturaustausch, Tübingen und Basel 1971. Aus dem Portugiesischen von Janheinz Jahn.

Henrique Teixeira de Sousa
wurde 1919 auf der Insel Fogo geboren. Bis 1946 studierte er Medizin in Lissabon, anschließend arbeitete er als Dozent am Institut für Tropenmedizin an der Universität Porto. Von 1948 bis in die 1980er-Jahre lebte er wieder auf Fogo, bevor er nach Portugal übersiedelte. Er schrieb für die Zeitschrift *Claridade* und veröffentlichte ab den 1940er-Jahren Kurzgeschichten.
»Die Operation«, aus: Helga Ahrens und Margret Ammann (Hrsg.), *Kapverdische Erzählungen,* Verlag für interkulturelle Kommunikation, Frankfurt a. M. 1995. Aus dem Portugiesischen von Isabel Frango und Isabel Orgaz.

Der Verlag dankt den Autorinnen und Autoren dieses Bandes, bzw. deren Vertretern, für die Überlassung der Abdruckrechte. Trotz intensiver Bemühungen konnten in einzelnen Fällen die Rechteinhaber nicht ermittelt werden. Sie werden gebeten, sich mit dem Verlag in Verbindung zu setzen.
Even with great effort some of the copyright holders could not be found. They are kindly requested to contact Unionsverlag.

Der Herausgeber

Hans-Ulrich Stauffer, geboren 1951, arbeitet als Anwalt in Basel. Seit 1990 ist er Honorarkonsul der Republik Kap Verde in der Schweiz. Mit Afrika und insbesondere den Kapverden ist er seit Jahrzehnten eng verbunden.

Bildnachweis

Foto Umschlaginnenseite: Hans-Ulrich Stauffer